Sujets corrigés
Concours puéricultrice

QCM et QROC

Chez le même éditeur

• Dans la même collection :

Annales corrigées Concours Cadre de santé 2006/2007, par le CEFIEC, 4e édition, 2006, 160 pages.

Guide concours Cadre de santé, par J.-L. Gérard, A.-B. Plazanet et P. Roger, 4e édition, 2006, 352 pages.

Guide concours infirmier(e) de bloc opératoire. Préparation à l'entrée en école IBODE, par L'AEEIBO et l'UNAIBODE, 2e édition, 2004, 224 pages.

• Autres ouvrages :

Le guide de la puéricultrice, par J. Gassier et C. de Saint-Sauveur, 2e édition, 2004, 1 152 pages.

Dictionnaire médical de l'infirmière, par J. Quevauvilliers, G. Perlemuter et L. Perlemuter, 7e édition, 2005, 1 184 pages.

Maquette : Favre & Lhaïk

ISBN : 978-2-294-08785-1

Elsevier Masson S.A.S. – 62, rue Camille-Desmoulins, 92442 Issy-les-Moulineaux

Spécialisation santé

Sujets corrigés
Concours puéricultrice

QCM et QROC

Par le CEEPAME
(Comité d'entente des écoles préparant aux métiers de l'enfance)

3e édition

ELSEVIER
MASSON

Préface

Pour vous orienter vers la profession de puéricultrice, il vous faut tout d'abord préparer les épreuves du concours d'entrée en école de puéricultrices.

Cet ouvrage a été conçu pour vous y aider. Vous trouverez en introduction une description des modalités de ce concours ainsi que le programme de révision.

Ces annales ont été réalisées avec la collaboration des écoles de puéricultrices et en conformité avec les textes législatifs en vigueur (arrêté du 12 décembre 1990). Elles portent exclusivement sur l'épreuve d'admissibilité évaluant vos connaissances.

- Les questions à choix multiples (QCM) permettent d'explorer différentes capacités telles que mémorisation, compréhension, synthèse. On leur attribue des qualités d'objectivité de correction.
- Les questions à réponses ouverte et courte (QROC) permettent d'identifier la capacité à s'exprimer par écrit dans une formulation complète et correcte. À partir de « mini-situations », il est possible de vérifier également la capacité d'analyse du candidat.

Ces deux modalités de vérification de connaissances nécessitent un réel travail de préparation et de révisions. Nous souhaitons que cet ouvrage vous y aide.

Pour les tests psychotechniques ainsi que pour l'épreuve orale d'admission, vous trouverez les objectifs clairement énoncés dans l'arrêté du 12 décembre 1990.

Nous remercions l'ensemble des écoles de puéricultrices membres du CEEPAME pour leur collaboration à cet ouvrage.

La présidente du CEEPAME
Annick SAILLAND

Sommaire

Introduction

1 • LE CEEPAME

Le Comité d'entente des écoles de puéricultrices (CEEP) fondé en 1974 a pris le nom de Comité d'entente des écoles préparant aux métiers de l'enfance (CEEPAME) en 2005.

Le CEEPAME est constitué en association déclarée selon la loi de 1901 et a pour objet de promouvoir une formation professionnelle de qualité dans les écoles préparant aux métiers de l'enfance.

Ses buts sont :

- d'assurer la coordination des écoles et des filières de formation ;
- de représenter les écoles auprès des pouvoirs publics et de toute autre instance nationale ou internationale ;
- de développer l'expertise pédagogique des formateurs ;
- d'initier des travaux de recherche ;
- d'inscrire les écoles dans une démarche qualité.

Officiellement reconnue en 1947, la profession de puéricultrice n'a cessé de s'adapter aux besoins de la population, à l'évolution des structures d'accueil de la petite enfance, aux progrès techniques...

La spécialisation de puéricultrice est ouverte aux infirmier(e)s et aux sages-femmes diplômées d'État et aux étudiants inscrits en dernière année d'études d'un de ces deux diplômes. L'entrée en formation est subordonnée à la réussite au concours et à la justification de l'un des deux diplômes précités.

La formation est destinée aux personnes désirant approfondir leurs connaissances de l'enfant (de la naissance à l'adolescence), de sa famille, de l'environnement dans lequel il est appelé à vivre.

Elle se déroule sur une année sanctionnée par un diplôme d'État.

2 • LA PROFESSION ET LES SECTEURS D'ACTIVITÉ DE LA PUÉRICULTRICE

Définition de la profession

La puéricultrice est un(e) infirmier(e) ou une sage-femme ayant suivi une formation spécifique sanctionnée par un diplôme d'État.

Elle contribue à promouvoir, maintenir et restaurer la santé de l'enfant dans ses différents milieux de vie.

Elle assure des responsabilités de soin (dans toutes ses dimensions), d'éducation, de relation, de gestion et d'encadrement.

La puéricultrice exerce dans différents secteurs d'activité

- **Dans les lieux de vie de l'enfant :**

- structures médico-sociales et éducatives ;
- services de promotion et de protection de la mère et de l'enfant ;
- structures d'accueil de jour ;
- structures d'accueil en internat.

- **Dans les structures hospitalières :**

- maternité ;
- pouponnière médicale ;
- hospitalisation à domicile ;
- pédiatrie ;
- chirurgie ;
- néonatalogie ;
- pédopsychiatrie...

- **Dans les écoles de formation :**

- d'infirmier(e)s ;
- de puéricultrices ;
- d'auxiliaires de puériculture.

3 • LE CONCOURS

Toutes les précisions sur le concours s'appuient sur :

- *l'arrêté du 12 décembre 1990 relatif à la scolarité au diplôme d'État de puéricultrice et au fonctionnement des écoles – Journal Officiel du 16 décembre 1990 ;*
- *l'arrêté du 21 janvier 1993 modifiant l'arrêté du 12 décembre 1990 ;*
- *l'arrêté du 16 juin 1995 modifiant l'arrêté du 12 décembre 1990 ;*
- *l'arrêté du 21 octobre 1996 modifiant l'arrêté du 12 décembre 1990.*

Conditions générales d'admission

Vous devez :

- être titulaire du diplôme d'État d'infirmier(e) ou d'autres titres vous permettant d'exercer la profession et reconnus par le ministère de la Santé, de la Famille et des Personnes handicapées ;

ou

• être titulaire du diplôme d'État de sage-femme ou d'autres titres vous permettant d'exercer la profession et reconnus par le ministère de la Santé, de la Famille et des Personnes handicapées ;

ou

• si vous n'êtes pas titulaire du diplôme d'État d'infirmier(e) ou de sage-femme, fournir une attestation d'inscription en dernière année d'études conduisant à l'un des deux diplômes. En cas de succès au concours, votre admission définitive est subordonnée à la justification de l'un des diplômes précités. À défaut, **vous perdrez le bénéfice du concours** ;

et

• avoir subi **avec succès** les épreuves du concours d'admission organisé par l'école sous la responsabilité du Préfet de région.

Les **résultats du concours** sont valables pour la rentrée scolaire au titre de laquelle ils ont été publiés.

Le directeur de l'école accorde une dérogation de droit en cas de : congé maternité, congé d'adoption, garde d'enfants de moins de quatre ans, rejet de demande d'accès à la formation professionnelle ou à la promotion sociale, rejet du congé de formation ou de demande de disponibilité.

Sur proposition du directeur, un report de scolarité d'une année peut être accordé par le Préfet de région pour tout événement grave.

L'ensemble de ces reports ne peut excéder deux années.

Les épreuves du concours d'admission

Deux épreuves écrites et anonymes d'admissibilité

Première épreuve : QCM, QROC

Une épreuve comportant quarante questions à choix multiple (QCM) et dix questions à réponse ouverte et courte (QROC), permettant de vérifier les connaissances des candidats (durée : une heure et trente minutes ; coefficient : 1 ; notée sur 20 points). Selon les écoles, des barèmes différents de cotation peuvent être portés aux QCM et aux QROC. Les résultats des QCM peuvent être pondérés selon le nombre de réponses exactes et la cotation des QROC être différente d'un QROC à l'autre. En résultat final, la note de cette première épreuve est sur 20.

Une note inférieure à 7 sur 20 est éliminatoire.

Seconde épreuve : tests psychotechniques

Une épreuve de tests psychotechniques permettant d'évaluer les capacités d'analyse et de synthèse des candidat(e)s (durée : une heure et trente minutes ; coefficient : 1 ; notée sur 20).

Une note inférieure à 7 sur 20 est éliminatoire.

Ces deux épreuves ont lieu le même jour.

Sont déclaré(e)s admissibles, les candidat(e)s ayant obtenu une note égale ou supérieure à 20 points sur 40.

La liste alphabétique des candidat(e)s déclaré(e)s admissibles est affichée à l'école, avec notification des résultats à chaque candidat(e).

L'épreuve orale d'admission

Les candidat(e)s admissibles sont convoqué(e)s à une épreuve orale d'admission portant sur l'étude d'une situation en rapport avec l'exercice professionnel infirmier. Ce sujet est tiré au sort par le (la) candidat(e), parmi les questions préparées par le jury.

Préparée en vingt minutes, notée sur 20 points, cette épreuve consiste en un exposé de dix minutes maximum suivi d'une discussion avec le jury de dix minutes maximum (jury de trois personnes : un médecin exerçant dans un établissement de santé public ou privé, le directeur de l'école de puéricultrices ou un formateur le représentant, une puéricultrice ou un infirmier non enseignant exerçant des fonctions d'encadrement).

Une note inférieure à 7 sur 20 est éliminatoire.

Sont déclaré(e)s admis(e), les candidat(e)s ayant obtenu une note égale ou supérieure à 30 sur 60 et par ordre de classement, dans la limite des places disponibles.

Une liste complémentaire peut être établie. Si celle-ci ne permet pas de pourvoir l'ensemble des places offertes, le directeur de l'école concernée peut faire appel à des candidat(e)s inscrit(e)s sur la liste complémentaire d'autres écoles, resté(e)s sans affectation à l'issue de la procédure d'admission.

Le programme du concours d'admission

Les épreuves du concours d'admission vérifieront les connaissances acquises par les candidat(e)s antérieurement à l'admission en école de puéricultrices afin qu'ils (elles) soient à même d'appréhender la formation de puéricultrice.

L'épreuve de QCM et de QROC devra permettre, en référence au programme d'études préparatoires au diplôme d'État d'infirmier(e) de vérifier les points décrits ci-après, conformément à l'annexe 1 de l'arrêté du 12 décembre 1990.

I. Tester les connaissances des candidats en matière de physiologie des grands systèmes nécessaires à la compréhension des besoins physiques de l'enfant et des mécanismes physiopathologiques des différentes pathologies infan-tiles

A. L'homme

a) Génétique

b) Anatomie – Physiologie

1. La cellule

2. Fonction de commande et de régulation

- Définition de la fonction.
- Anatomie et physiologie :

– le système nerveux central et périphérique ;
– le système neurovégétatif ;
– les organes de sens : ouïe, vue, odorat, toucher, goût ;
– les mécanismes de la douleur ;
– le sommeil ;
– la thermogenèse ;
– la thermolyse ;
– les glandes endocrines ;
– la régulation hormonale.

3. Fonction locomotrice

- Définition de la fonction.
- Anatomie et physiologie de l'appareil locomoteur :

– le squelette ;
– la musculature ;
– les articulations ;
– le mouvement.

- Observation des possibilités de mobilisation.
- La statique.

4. Fonction circulatoire

- Définition de la fonction.
- Anatomie et physiologie de l'appareil cardio-vasculaire :

– le cœur ;
– les vaisseaux ;
– le sang : composition, éléments figurés, groupes sanguins ;
– le système réticulo-endothélial ;
– le système lymphatique.

- Observation de la circulation normale :

– pouls ;
– tension artérielle ;
– coloration des téguments et des muqueuses.

5. Fonction respiratoire

- Définition de la fonction.
- Anatomie et physiologie de l'appareil respiratoire :

– les voies aériennes ;
– les poumons ;
– la plèvre ;
– les mouvements respiratoires ;
– les échanges gazeux.

- Observation de la respiration normale :
- coloration des téguments ;
- rythme et amplitude respiratoires.

6. Fonction urinaire

- Définition de la fonction.
- Anatomie et physiologie de l'appareil urinaire :
- l'arbre urinaire ;
- le parenchyme rénal ;
- la filtration, l'excrétion, la réabsorption ;
- la composition de l'urine ;
- la miction.
- Observation de la diurèse normale.

7. Fonction de nutrition

- Définition de la fonction.
- Anatomie et physiologie de l'appareil digestif :
- le tube digestif ;
- les glandes annexes ;
- les sécrétions digestives ;
- la digestion ;
- le métabolisme des glucides, lipides, et protides ;
- la notion de ration calorique ;
- l'équilibre hydroélectrique et homéostatique du milieu intérieur.
- Observation :
- de l'appétit ;
- du transit intestinal normal.
- Définition de l'alimentation équilibrée.

8. Fonction de protection et de défense de l'organisme

- Définition de la fonction.
- Anatomie et physiologie de la peau.
- Moyens de défense naturels :
- processus inflammatoire ;
- réaction du système nerveux ;
- réaction humorale non spécifique ;
- réaction antigène-anticorps.
- Immunité acquise :
- active : vaccination ;
- passive : sérothérapie.
- Notion sur l'infection : les différents germes :
- les bactéries : vie, croissance, multiplication, classification ;
- les virus ;
- les parasites.

- Modes de transmission :
- les agents vecteurs : poussière, eau, aliments, animaux ;
- les voies de pénétration.
- Lutte contre la contamination intra-hospitalière :
- propreté des mains ;
- antisepsie ;
- désinfection ;
- asepsie ;
- stérilisation.

9. Fonction sexuelle et de reproduction

- Définition.
- Anatomie et physiologie :
- l'appareil génital féminin ;
- l'appareil génital masculin ;
- les grandes étapes de la vie génitale ;
- le cycle menstruel ;
- l'ovogenèse et la spermatogenèse ;
- l'acte sexuel ;
- la fécondation.

B. L'enfant

1. Le nouveau-né

- Caractéristiques physiques et physiologiques.
- Alimentation.
- Soins.

2. L'enfant : développement physique, psychomoteur et psychosocial

3. L'adolescent : caractéristiques physiques et physiologiques

4. Pathologie

- Principaux symptômes : diarrhée, vomissements...
- Principaux syndromes : déshydratation...
- Maladies infectieuses :
- rougeole, rubéole, varicelle ;
- scarlatine, oreillons ;
- coqueluche, diphtérie ;
- affections méningococciques...
- Affections dermatologiques.
- Affections du tube digestif : muguet, sténose hypertrophique du pylore...
- Affections chirurgicales diverses : hernies, phimosis...
- Déformations osseuses diverses.

II. Tester les connaissances en matière de pharmacologie, indispensables à l'application des prescriptions médicales, à la surveillance clinique de

la personne soignée et à la therapeutique mise en œuvre, ainsi que les connaissances relatives à la législation pharmaceutique

Les thérapies médicamenteuses

- Origine des médicaments : animale, végétale, minérale, synthétique.
- Législation pharmaceutique : les produits dangereux, les toxiques, les stupéfiants.
- Rangement d'une armoire à pharmacie.
- Organisation d'une distribution de médicaments : risques d'erreur et de gaspillage, péremption...
- Présentation des médicaments.
- Étude des formes médicamenteuses.
- Calcul de doses et de pourcentages.
- Prescription médicale.
- Voies d'administration des médicaments.

III. Tester les connaissances en matière d'obstétrique et de pathologie obstétricale, indispensables pour la compréhension de leur incidence sur le fœtus et le nouveau-né

A. Évolution d'une grossesse

- Changements physiologiques.
- Effets psychiques : réaction de la future mère, du couple, de la famille.
- Développement et physiologie de l'embryon et du fœtus.
- Hygiène de vie de la femme enceinte.
- Préparation à l'accouchement.
- Physiologie de l'accouchement.
- Approches psychologiques de l'accouchement et de la naissance.
- Suites de couches normales.

B. Pathologie

- Complications de la grossesse.
- Maladies générales et grossesse.
- Accouchement et suites de couches pathologiques.

IV. Tester les connaissances relatives au service infirmier et à l'exercice de la profession d'infirmier(e)

- Le service infirmier et son évolution.
- Loi du 31 mai 1978 relative à la profession d'infirmier(e).
- Décret n° 2004-802 du 29 juillet 2004 relatif à la profession d'infirmier(e) (Livre III).
- Dimensions du soin infirmier.
- Démarche diagnostique.
- Responsabilité civile, pénale et administrative de l'infirmier(e).
- Directives et recommandations européennes.

V. Tester les connaissances relatives à l'état sanitaire de la France et aux structures administratives et médico-sociales afin de comprendre les orientations et la mise en œuvre de la politique de santé de l'enfant et de la famille

A. L'état sanitaire de la France

- Démographie : fécondité, natalité, mortalité, morbidité.
- Épidémiologie.
- Planification des Actions de Santé.
- Santé publique et Approche communautaire de la Santé.
- Situations spécifiques : précarité, exclusion, personne en situation de handicap, maltraitance.

B. La législation relative à la mère et à l'enfant

- Le droit du travail.
- La protection maternelle et infantile.
- La contraception.
- L'interruption volontaire de grossesse.

C. Les structures administratives sanitaires et médico-sociales de la France

- La décentralisation.
- Les institutions sanitaires, sociales, et médico-sociales, publiques et privées.
- La réforme hospitalière : loi du 31 juillet 1991, ordonnance du 24 avril 1996 et circulaire N° 96-466 du 18 juillet 1996, ordonnance n° 2003-850 du 4 septembre 2003 portant simplification de l'organisation et du fonctionnement du système de santé.
- Agence régionale d'hospitalisation.
- Schéma régional d'organisation sanitaire.
- La démarche qualité et l'accréditation.
- Les alternatives à l'hospitalisation.
- Loi du 4 mars 2002 relative aux droits des malades et à la qualité du système de santé.
- Ordonnances n° 2005.406 du 2 mai 2005 et n° 2005.11/2 du 1er septembre 2005 : mise en place à l'hôpital de la nouvelle gouvernance hospitalière.
- Décret n° 2005 1656 du 26 décembre 2005 relatif aux conseils de pôles d'activité et la commission de soins infirmiers, de rééducation et médico-techniques des établissements publics de santé.

D. Santé et alimentation

- Besoins alimentaires.
- Composition des aliments.
- Équilibre alimentaire.
- Hygiène de l'eau, du lait, des aliments.

- Préparation et hygiène des repas.
- Étude du circuit des aliments dans les collectivités.
- Achat, contrôle et conservation des aliments.

E. Prise en charge de la douleur

- Aspect législatif (plan triennal 1998-2001, 2002-2005).
- Sémiologie.
- Évaluation.
- Traitement et soins infirmiers.
- Soins palliatifs : loi du 22 avril 2005 relative aux droits des malades et à la fin de vie.

Nous attirons l'attention des candidats sur la nécessité d'actualiser textes et connaissances en raison de la date de parution de l'arrêté régissant le concours.

4 • CONSIGNES CONCERNANT LES RÉPONSES AUX QCM ET QROC

QCM

Les types de QCM (questions à choix multiple) se regroupent sous plusieurs formes.

Questions à choix simple

Une seule des cinq propositions constitue la réponse exacte.

Exemple

Énoncé : le signe pathognomonique de la rougeole est :

Propositions — *Cochez la réponse exacte*

A. une langue framboisée .... ☐
B. un signe de Koplik .... ☒
C. une éruption vésiculaire .... ☐
D. un érythème en nappe .... ☐
E. un intertrigo .... ☐

Questions à choix multiple

Au moins une, ou encore deux, trois, quatre, voire les cinq propositions peuvent constituer la réponse exacte.

Exemple

Énoncé : on retrouve dans la constitution squelettique du poignet :

Propositions — *Cochez la ou les réponse(s) exacte(s)*

A. le scaphoïde .... ☒
B. le pyramidal.......................... ☒
C. le cunéiforme........................ ☐
D. le cuboïde............................. ☐
E. le trapèze .... ☒

Questions à compléments groupés

Exemple

Répondre :

A : si 1, 2, 3 sont vrais
B : si 1, 3 sont vrais
C : si 2, 4 sont vrais
D : si 4 est vrai
E : si 1, 2, 3, 4 sont vrais

Énoncé : la méningite cérébro-spinale se manifeste par :

1. une diarrhée
2. une raideur de la nuque
3. une hypothermie
4. des céphalées

Cochez la réponse exacte :

A ☐ B ☐ C ☒ D ☐ E ☐

Questions de type association

Exemple

Associez aux questions suivantes le complément A, B, C, D, E qui leur correspond.

Énoncé : relier à chaque type de nutriments son rôle dans l'organisme :

A. Glucides	Question 1 : Apport énergétique
B. Protides	Question 2 : Rôle plastique
C. Vitamines	Question 3 : Source d'azote
D. Eau	Question 4 : Santé de la peau des muqueuses
E. Lipides	Question 5 : Solvant, agent de transport

(Réponse 1 : A – Réponse 2 : E – Réponse 3 : B – Réponse 4 : C – Réponse 5 : D)

Questions de type cause à effet

Chaque question comporte deux propositions.

Exemple

Répondre :

A : si V-V, si les propositions sont toutes deux vraies, et s'il existe entre elles une relation de cause à effet.

B : si V-V, si les propositions sont toutes deux vraies sans qu'il existe entre elles une relation de cause à effet.

C : si V, F, si la première proposition est vraie et la seconde fausse.

D : si F, V, si la première proposition est fausse et la seconde vraie.

E : si F, F, si les 2 propositions sont fausses.

Proposition 1 : l'héparine est un puissant anticoagulant utilisé *in vivo*

CAR

Proposition 2 : elle inhibe la biosynthèse hépatique de la prothrombine

Cochez la réponse exacte :

A ☐ B ☒ C ☐ D ☐ E ☐

QROC

La réponse attendue au QROC (question à réponse ouverte et courte) est courte et peut être exprimée sous différentes formes (d'un mot à deux lignes).

Exemple

Énoncé : vous accueillez un nourrisson de 6 mois hospitalisé pour une déshydratation aiguë à la suite d'une diarrhée. 48 heures avant son admission, son poids était de 6,820 kg ; à l'entrée, il est de 6,320 kg et sa température est de 39 degrés.

1. Citez au moins 4 signes cliniques de la déshydratation aiguë chez le nourrisson.

2. Calculez la perte de poids de cet enfant en pourcentage.

Réponses

1.
- Perte de poids.
- Fontanelle déprimée.
- Signes de collapsus.
- Soif intense.
- Troubles de la conscience.
- Persistance du pli cutané.
- Yeux enfoncés, cernés.
- Fièvre.
- Muqueuses sèches.
- Globes oculaires mous.

2. 7,3 %.

SUJET 1 Caen

QCM

Questions à choix simple

1. Les deux ventricules latéraux et le 3e ventricule cérébral communiquent par :

A. l'aqueduc de Sylvius .... ☐
B. le trou de Monro.................... ☒
C. les trous de Luschka.............. ☐
D. le trou de Magendie .... ☐
E. le plexus choroïde .... ☐

2. La proportion d'oxygène de 21 % correspond à :

A. l'air expiré .... ☐
B. l'air alvéolaire .... ☐
C. l'air résiduel.......................... ☐
D. l'air inspiré............................ ☒
E. aucune de ces propositions...... ☐

3. Les corticosurrénales :

A. sont des glandes exocrines.. ☐
B. sécrètent la calcitonine .... ☐
C. sécrètent des glucocorticoïdes... ☒
D. sécrètent des hormones hypercalcémiantes.................................. ☐
E. stimulent la digestion .... ☐

4. Lors de l'élimination rénale, la réabsorption active du sodium et de l'eau se fait en majorité au niveau :

A. du tube proximal.................. ☐
B. du tube distal .... ☐
C. de l'anse de Henlé .... ☒
D. du tube collecteur de Bellini.... ☐
E. du glomérule .... ☐

5. Le pylore fait communiquer :

A. l'œsophage et l'estomac .... ☐
B. l'estomac et le duodénum .... ☐
C. le duodénum et le jéjunum ..... ☐
D. le jéjunum et l'iléon .... ☐
E. l'iléon et le côlon .... ☐

6. La substance qui participe à la digestion des glucides est :

A. la pepsine .... ☐
B. les sels biliaires..................... ☐
C. l'acide chlorhydrique .... ☐
D. l'amylase............................... ☐
E. la trypsine .... ☐

7. La trypsine est une enzyme :

A. biliaire................................. ☐
B. intestinale............................ ☐
C. gastrique.............................. ☐
D. salivaire................................ ☐
E. pancréatique .... ☐

8. Les corticoïdes ont une action :

A. hypolipidémiante.. ☐
B. qui favorise la fuite hydrosodée .... ☐
C. qui accélère la croissance chez l'enfant .... ☐

D. qui augmente le catabolisme protidique ☐
E. qui inhibe l'acidité de l'acide chlorhydrique de l'estomac ☐

9. L'une de ces affirmations ne définit pas la responsabilité pénale de l'infirmier(e), laquelle ?
A. Strictement individuelle et personnelle ☐
B. Assortie d'une sanction pénale ☐
C. Engagée quand l'infirmier(e) commet une infraction au Code pénal ☐
D. Couverte par une assurance spécifique ☐
E. Engagée quand l'infirmier(e) participe à une euthanasie active ☐

10. L'une des conditions suivantes n'est pas nécessaire pour qu'un(e) infirmier(e) puisse confier des soins à un(e) aide-soignant(e) :
A. les soins confiés relèvent du rôle propre de l'IDE ☐
B. les soins sont de la compétence de l'aide-soignant(e) ☐
C. l'infirmier(e) s'est assuré(e) du savoir-faire de l'aide-soignant(e) ☐
D. l'infirmier(e) s'est assuré(e) de l'ancienneté de l'aide-soignant(e) ☐
E. l'infirmier(e) en assure le contrôle ☐

11. Les stupéfiants doivent être :
A. rangés dans une armoire à clé ☐
B. rangés avec des produits de la liste 1 ☐
C. porteurs d'une étiquette verte ☐
D. délivrés avec une prescription renouvelable mensuellement ☐
E. rangés par ordre alphabétique ☐

Questions à choix multiple

12. Le cervelet exerce un contrôle sur :
A. l'équilibration ☐
B. le tonus musculaire ☐
C. la respiration ☐
D. la précision du mouvement ☐
E. le maintien de la température corporelle ☐

13. Les activités du système parasympathique sont :
A. une tachycardie ☐
B. une hypersudation ☐
C. un myosis ☐
D. un relâchement des sphincters ☐
E. une vasodilatation ☐

14. La thyroïde :
A. intervient sur le métabolisme de base ☐
B. influe sur la croissance staturale ☐
C. fixe électivement l'iode ☐
D. sécrète la thyréostimuline hormone ☐
E. est une glande endocrine ☐

15. Le cartilage de conjugaison :
A. assure la croissance de l'os en longueur ☐
B. assure la croissance de l'os en épaisseur ☐

C. persiste jusqu'à la fin de l'âge adulte ☐
D. persiste jusqu'à la fin de la croissance ☐
E. se transforme en tissu osseux au niveau de la diaphyse ☐

16. Communiquent avec ou font partie du cœur gauche :

A. la valvule mitrale ☐
B. les veines pulmonaires ☐
C. la valvule tricuspide ☐
D. l'aorte ☐
E. la veine cave supérieure ☐

17. Concernant le sang, cochez les réponses exactes :

A. la formation des lymphocytes est assurée par la moelle ☐
B. la formation des hématies est assurée par la rate ☐
C. les ganglions lymphatiques participent à la formation des lymphocytes ☐
D. la destruction des globules rouges se fait dans la rate ☐
E. la formation des plaquettes est assurée par la moelle ☐

18. Concernant la respiration, cochez les réponses exactes :

A. les deux poumons sont séparés l'un de l'autre par la cavité pleurale ☐
B. l'inspiration se fait par la contraction du diaphragme ☐
C. le poumon droit possède deux scissures ☐
D. l'oxygénation du sang est appelée hémostase ☐
E. le volume résiduel est le volume d'air rejeté après une expiration normale ☐

19. Le rein assure :

A. une fonction d'excrétion ☐
B. une fonction de nutrition ☐
C. une fonction immunitaire ☐
D. une fonction de régulation ☐
E. une fonction endocrine ☐

20. L'intestin grêle adulte :

A. mesure 7 mètres de long environ ☐
B. renferme dans sa muqueuse les villosités intestinales ☐
C. comprend le jéjunum ☐
D. comprend le cæcum ☐
E. comprend le duodénum ☐

21. Les voies biliaires comprennent :

A. le canal hépatique droit ☐
B. le canal de Wirsung ☐
C. le canal de Santorini ☐
D. le canal cystique ☐
E. le canal cholédoque ☐

22. Les sources de protéines sont :

A. l'huile ☐
B. le lait ☐
C. les œufs ☐
D. les lentilles ☐
E. les fruits rouges ☐

23. La vitamine D est :

A. liposoluble ☐
B. hydrosoluble ☐
C. apportée exclusivement par les aliments ☐

D. fabriquée au niveau de la peau ☐
E. antirachitique ☐

24. La sérothérapie confère :
A. une immunité passive ☐
B. une immunité active ☐
C. une immunité de longue durée ☐
D. une immunité de courte durée ☐
E. une immunité immédiate ☐

25. Quelles affections sont dues à un virus ?
A. la rougeole ☐
B. la varicelle ☐
C. la coqueluche ☐
D. la diphtérie ☐
E. la tuberculose ☐

26. Concernant la varicelle, vous retenez comme exact :
A. a une incubation de 14 jours ☐
B. s'exprime par une éruption vésiculaire ☐
C. s'exprime par des poussées successives ☐
D. entraîne des desquamations ☐
E. est grave pour les sujets traités aux corticoïdes ☐

27. Les ovaires sécrètent :
A. la prolactine ☐
B. les œstrogènes ☐
C. la progestérone ☐
D. des androgènes ☐
E. l'ocytocine ☐

28. L'administration d'œstroprogestatifs est formellement contre-indiquée en cas :
A. d'antécédents thrombo-emboliques ☐
B. d'hypertension artérielle ☐
C. d'ulcère gastrique ☐
D. de diabète ☐
E. de tabagisme ☐

29. Quels éléments franchissent la barrière placentaire ?
A. l'alcool ☐
B. les immunoglobulines G ☐
C. l'aspirine ☐
D. les virus ☐
E. l'insuline ☐

30. Dans la surveillance habituelle de la femme enceinte, les éléments à surveiller sont :
A. le poids ☐
B. la tension artérielle ☐
C. l'albuminurie ☐
D. le cholestérol ☐
E. les gaz du sang ☐

31. Les conséquences du tabagisme de la femme enceinte sont :
A. l'augmentation du nombre d'avortements spontanés ☐
B. l'éclampsie ☐
C. le risque d'accouchements prématurés ☐

D. le retard de croissance *in utéro* ☐
E. l'accélération du rythme cardiaque mère et fœtus ☐

32. Les risques de complications d'un accouchement sont :
A. une infection ☐
B. une phlébite ☐
C. une incontinence urinaire ☐
D. une toxémie gravidique ☐
E. une hémorragie ☐

33. Le *placenta prævia* peut se révéler par :
A. des douleurs permanentes ☐
B. un état de choc ☐
C. des métrorragies répétées ☐
D. une hypertension ☐
E. des œdèmes ☐

34. Les modes d'action des contraceptions orales sont :
A. arrêt de l'ovulation ☐
B. baisse de la température la veille de l'ovulation ☐
C. glaire cervicale modifiée ☐
D. absence de règles ☐
E. atrophie de la muqueuse utérine ☐

35. Parmi ces différents actes, lesquels relèvent du rôle propre de l'infirmier(e) ?
A. le prélèvement sanguin intraveineux ☐
B. l'administration en aérosol de produits médicamenteux ☐
C. la surveillance d'une perfusion ☐
D. le soin de bouche non médicamenteux ☐
E. la ventilation manuelle instrumentale par masque ☐

36. Un traitement exécuté par l'infirmier(e) sur protocole médical est un soin :
A. fait habituellement par le médecin ☐
B. prescrit et signé par le médecin ☐
C. qui ne se réalise qu'en urgence ☐
D. que l'infirmier(e) peut faire en l'absence du médecin ☐
E. qui ne donne pas lieu à transmission sur le dossier soin ☐

37. L'acide acétylsalicylique a une action :
A. antalgique ☐
B. antipyrétique ☐
C. anti-inflammatoire ☐
D. antiasthénique ☐
E. antiagrégant plaquettaire ☐

38. 5 mL de chlorure de magnésium dosé à 15 % contiennent :
A. 75 g de chlorure de magnésium ☐
B. 7,5 g de chlorure de magnésium ☐
C. 0,75 g de chlorure de magnésium ☐
D. 0,75 mg de chlorure de magnésium ☐
E. 750 mg de chlorure de magnésium ☐

39. Une personne traitée au *Lasilix* (diurétique) risque :
A. une hyponatrémie ☐
B. une hypokaliémie ☐
C. une hypercalcémie ☐
D. une hyperkaliémie ☐
E. une hypovolémie ☐

40. Les règles d'hygiène à respecter pour la manipulation du linge sale dans les services de soins généraux sont :

A. ne jamais faire pénétrer dans les chambres le chariot à linge sale .... ☐
B. ne jamais déposer le linge sale au sol .... ☐
C. le transporter contre soi .... ☐
D. le déposer trié dans les sacs appropriés et fermer ces sacs .... ☐
E. assurer une évacuation rapide et régulière .... ☐

QROC

Après l'expulsion du placenta lors de l'accouchement, la femme doit être étroitement surveillée durant les deux premières heures.

1. Citez les quatre paramètres à surveiller de manière intensive et la complication majeure des premières 24 heures suivant l'accouchement.

Vous devez préparer la perfusion suivante : 500 mL de glucosé isotonique contenant :

- 2 g de chlorure de sodium ;
- 1,5 g de chlorure de potassium ;
- 1,5 g de chlorure de calcium.

Vous disposez d'ampoules de :

- *NaCl 20 mL à 20 % ;*
- *KCl 10 mL à 15 % ;*
- *$CaCl_2$ 10 mL à 10 %.*

2. Quelle quantité de NaCl en mL devez-vous mettre dans le flacon de glucosé ?

3. Quelle quantité de KCl en mL devez-vous mettre dans le flacon de glucosé ?

4. Quelle quantité de $CaCl_2$ en mL devez-vous mettre dans le flacon de glucosé ?

5. La perfusion est à passer en 6 heures. Sachant qu'1 mL correspond à 20 gouttes, quel sera le débit en gouttes de la perfusion ?

Vous venez d'effectuer un prélèvement sanguin chez un nouveau patient. En rangeant le matériel, vous vous piquez avec l'aiguille utilisée pour le prélèvement, vous renversez le plateau contenant les tubes remplis de sang, l'un d'eux se casse, le sang se répand sur le sol.

6. Que faites-vous suite à votre blessure ?

7. Une aide-soignante vous propose de nettoyer le sol. Quelles précautions doit-elle prendre ?

8. Une étudiante infirmière effectuant son premier stage de première année, présente lors de l'incident, vous demande pourquoi prendre toutes ces précautions pour le nettoyage. Que lui répondez-vous ?

Vous travaillez en tant qu'infirmier(e) dans un collège. Un groupe d'adolescentes d'une classe de 3e, à la suite d'une émission de télévision sur la grossesse chez les jeunes de moins de 15 ans, vous sollicite pour parler de la contraception. Le collège est situé à proximité d'un centre de PMI avec consultation gynécologique et planification familiale

9. Dégagez de votre analyse de la situation, les éléments positifs sur lesquels vous pouvez vous appuyer pour engager une action.

10. Citez les thèmes pouvant être développés en réponse à leurs besoins.

CORRIGÉ

QCM

1 : B	**11 :** A	**21 :** A, D, E	**31 :** A, C, D, E
2 : D	**12 :** A, B, D	**22 :** B, C, D	**32 :** A, B, C, E
3 : C	**13 :** C, D, E	**23 :** A, D, E	**33 :** B, C
4 : A	**14 :** A, B, C, E	**24 :** A, D, E	**34 :** A, C, E
5 : B	**15 :** A, D, E	**25 :** A, B	**35 :** C, D, E
6 : D	**16 :** A, B, D	**26 :** A, B, C, E	**36 :** B, D
7 : E	**17 :** A, D, E	**27 :** B, C, D	**37 :** A, B, C, E
8 : D	**18 :** B, C	**28 :** A, B, D	**38 :** C, E
9 : D	**19 :** A, D	**29 :** A, B, C, D	**39 :** A, B, E
10 : D	**20 :** A, B, C, E	**30 :** A, B, C	**40 :** A, B, D, E

QROC

1. Quatre paramètres à surveiller :
- tension artérielle ;
- pouls ;
- volume des pertes sanguines ;
- rétraction de l'utérus ou « globe de sécurité » sous l'ombilic.

Complication majeure des premières 24 heures : hémorragie du post-partum ou de la délivrance.

2. NaCl : 1 ampoule 20 mL à 20 %.

$\frac{20 \times 20}{100} = 4$ g   1 ampoule contient 4 g de NaCl.

Il faut 2 g de NaCl donc 1/2 ampoule, soit 10 mL.

3. KCl : 1 ampoule 10 mL à 15 %.

$$\frac{15 \times 10}{100} = 1,5 \text{ g}$$ 1 ampoule contient 1,5 g de KCl.

Il faut 1,5 g de KCl donc 1 ampoule, soit 10 mL.

4. $CaCl_2$: 1 ampoule 10 mL à 10 %.

$$\frac{10 \times 10}{100} = 1 \text{ g}$$ 1 ampoule contient 1 g de $CaCl_2$.

Il faut 1,5 g de $CaCl_2$ donc 1,5 ampoules soit 15 mL.

5. Débit en gouttes de la perfusion :

- 1 mL = 20 gouttes/minutes.
- Volume total à passer = 535 mL ou 10 700 gouttes.
- 6 heures = 360 minutes.
- $\frac{10\ 700}{360}$ = 29 gouttes par minute.

6. • Ne pas faire saigner la plaie. Nettoyer avec un savon doux. Rincer.

• Désinfecter les lésions avec un antiseptique (10 min).

• Effectuer une déclaration d'accident de travail et entreprendre les démarches nécessaires : suivi biologique (VIH, hépatites B et C) du patient et de l'infirmier(e).

7. • Mettre des gants.

• Décontaminer le sol avec de l'eau de Javel, la laisser agir 10 minutes.

• Nettoyer le sol.

• Évacuer les déchets dans une poubelle pour déchets contaminés.

8. • Tout liquide biologique doit être systématiquement considéré comme potentiellement contaminé (circulaire du 3 août 1989) et traité comme tel.

• Le personnel soignant doit penser à se protéger car il peut être souvent exposé à des risques de contamination par exemple par le VIH.

9. • Intérêt manifesté par ces jeunes sur le sujet : suivi émission de télévision.

• Démarche d'interpellation à votre égard.

• Équipements médicaux et sociaux à proximité : planning familial, consultation gynécologique.

10. • Anatomie : appareil génital féminin et masculin.

• Physiologie :
- le cycle menstruel ;
- la fécondation.

• Prévention :
- la prévention des risques (maladies sexuelles transmissibles...) ;

– les différents moyens de contraception existant actuellement. Où se les procurer ? Comment les utiliser ?
– importance du suivi gynécologique ;
– rôle du planning familial.

• Éducation : maîtrise de la fécondité.

SUJET 2 Dijon

QCM

QCM à complément simple

1. L'hémophilie se transmet sur un mode :

A. récessif ☐
B. dominant ☐
C. récessif lié au sexe ☐
D. dominant lié au sexe ☐
E. aucune proposition exacte ☐

2. Pour un œil myope :

A. l'image des objets éloignés se forme en avant de la rétine ☐
B. la convergence du cristallin est trop faible ☐
C. des verres convergents corrigent cette anomalie ☐
D. la vision est floue suivant certains axes ☐
E. l'image d'un objet proche se forme en arrière de la rétine ☐

3. Les corticosurrénales :

A. sont des glandes exocrines ☐
B. sécrètent la calcitonine ☐
C. sécrètent les glucocorticoïdes ☐
D. sécrètent les hormones hypercalcémiantes ☐
E. stimulent la digestion ☐

4. La perception des sons se fait au niveau :

A. du pavillon de l'oreille ☐
B. du tympan ☐
C. de l'étrier ☐
D. de l'organe de Corti ☐
E. des canaux semi-circulaires ☐

5. Les îlots de Langerhans sont situés dans :

A. le foie ☐
B. les reins ☐
C. le pancréas ☐
D. la rate ☐
E. le poumon ☐

6. Comment se nomme une déviation latérale de la colonne vertébrale ?

A. scoliose ☐
B. cyphose ☐
C. lordose ☐
D. ankylose ☐
E. clérose ☐

7. Une fibrillation est :

A. une contraction supplémentaire du ventricule ☐
B. une contraction supplémentaire de l'oreillette ☐
C. une succession de contractions rapides et désordonnées ☐
D. une diminution de conduction entre oreillettes et ventricules ☐
E. une pause cardiaque ☐

8. L'artère pulmonaire part :

A. de l'oreillette droite .... ☐
B. du ventricule gauche............. ☐
C. du poumon droit .... ☐
D. du carrefour aortique .... ☐
E. du ventricule droit .... ☐

9. Le trou de Botal ou foramen ovale est une communication entre :

A. l'oreillette droite et l'oreillette gauche... ☐
B. le ventricule droit et le ventricule gauche .... ☐
C. l'oreillette droite et le ventricule droit... ☐
D. l'oreillette gauche et le ventricule gauche .... ☐
E. l'artère pulmonaire et l'aorte .... ☐

10. Le myomètre est :

A. la mesure de la profondeur de la cavité utérine................................ ☐
B. le muscle utérin .... ☐
C. l'alternance cyclique des climats hormonaux...................................... ☐
D. la mesure de la circonférence d'un muscle .... ☐
E. l'épaisseur d'un muscle .... ☐

11. Un élément de cette liste ne fait pas partie des voies urinaires. Lequel ?

A. les calices .... ☐
B. les pyramides de Merrein .... ☐
C. le bassinet.......................... ☐
D. l'uretère............................... ☐
E. la vessie .... ☐

12. Le taux normal de protéinurie est :

A. inférieur à 0,10 g/24 h.......... ☐
B. inférieur à 0,30 g/24 h.......... ☐
C. inférieur à 0,50 g/24 h.......... ☐
D. inférieur à 0,70 g/24 h .... ☐
E. inférieur à 1 g/24 h............... ☐

13. La vitamine C :

A. aide à l'assimilation du calcium sur les os .... ☐
B. protège la vue.. ☐
C. se trouve principalement dans les légumes et fruits frais .... ☐
D. est fabriqué par l'organisme sous l'action du soleil............................ ☐
E. se trouve principalement dans les viandes et les abats .... ☐

14. La contamination par le virus de l'hépatite C est essentiellement :

A. sexuelle .... ☐
B. sanguine............ ☐
C. materno-fœtale ☐

Dans le cadre d'un dépistage, le virus de l'hépatite C est retrouvé :

D. dans le sperme..................... ☐
E. dans les sécrétions vaginales ... ☐

15. Parmi ces signes cliniques, un ne se retrouve pas dans la rubéole. Lequel ?

A. fièvre modérée .... ☐
B. courbatures .... ☐
C. adénopathies cervicales.......... ☐
D. exanthème .... ☐
E. signe de Koplik...................... ☐

16. Lors d'un accident transfusionnel, un élément de cette liste n'est pas un signe d'accompagnement d'une hémolyse. Lequel ?

A. frissons .... ☐
B. chute de température.. ☐
C. anxiété .... ☐

D. sensation de constriction thoracique ☐
E. douleurs lombaires ☐

17. Qu'appelle-t-on action synergique des médicaments ?
A. l'action d'un médicament A est accrue par un médicament B
B. un médicament neutralise totalement ou partiellement les effets d'un autre médicament ☐
C. les médicaments s'accumulent dans l'organisme, entraînant des symptômes anormaux ☐
D. les médicaments ont un effet inverse à l'effet attendu ☐
E. les médicaments provoquent des effets toxiques ☐

18. L'hémorragie par placenta praevia fait courir à l'enfant un risque immédiat :
A. d'infection ☐
B. d'hémorragie méningée ☐
C. d'hépatite ☐
D. de mort ☐
E. d'insuffisance cardiaque ☐

19. Suite à la loi hospitalière du 31 juillet 1991, le décret du 26 mars 1992, relatif à l'organisation et aux personnels des établissements publics de santé, précise l'un des points suivants :
A. la modification des actes infirmiers ☐
B. l'organisation d'un collège infirmier ☐
C. l'organisation d'un service infirmier ☐
D. la création d'un ordre infirmier ☐
E. la création d'une commission du service de soins infirmiers ☐

20. Vous devez perfuser 500 mL de soluté isotonique de chlorure de sodium en 6 heures. Sachant qu'un mL correspond à 20 gouttes, quel sera le débit en goutte/minute de la perfusion ?
A. 2 gouttes ☐
B. 8 gouttes ☐
C. 18 gouttes ☐
D. 28 gouttes ☐
E. 40 gouttes ☐

QCM à choix multiple

21. Les gamètes :
A. sont des cellules haploïdes ☐
B. contiennent 44 chromosomes ☐
C. contiennent 46 chromosomes ☐
D. contiennent 23 chromosomes ☐
E. sont des cellules diploïdes ☐

22. L'antéhypophyse sécrète plusieurs hormones. Parmi ces propositions, quelles sont celles qui sont exactes ?
A. l'ocytocine ☐
B. l'hormone thyréostimuline ☐
C. la prolactine ☐
D. l'hormone antidiurétique ☐
E. l'hormone somatotrope ☐

23. Le poignet est constitué de plusieurs os. Parmi ces propositions quelles sont celles qui sont exactes ?
A. scaphoïde ☐
B. semi-lunaire ☐
C. os crochu ☐
D. petit os ☐
E. lunaire ☐

24. L'arrêt spontané d'un saignement :

A. s'appelle l'hémostase ☐
B. met en jeu la contraction des vaisseaux ☐
C. met en jeu la coagulation du sang ☐
D. met en jeu la formation d'un thrombus ☐
E. met en jeu la désagrégation des plaquettes sanguines ☐

25. En physiologie respiratoire, la capacité vitale comprend :

A. le volume courant ☐
B. le volume de réserve expiratoire ☐
C. l'espace mort ☐
D. le volume de réserve inspiratoire ☐
E. le volume résiduel ☐

26. Les vitamines liposolubles sont :

A. vitamine A ☐
B. vitamine C ☐
C. vitamine E ☐
D. vitamine D ☐
E. vitamine K ☐

27. Parmi les minéraux suivants, quels sont ceux qui font partie des oligo-éléments ?

A. le zinc ☐
B. le fer ☐
C. le sélénium ☐
D. le cuivre ☐
E. le fluor ☐

28. Les glucides entrent dans la composition des aliments suivants :

A. citron ☐
B. beurre ☐
C. œuf ☐
D. lait ☐
E. pomme de terre ☐

29. Parmi les cellules suivantes, quelles sont celles qui participent à l'immunité ?

A. polynucléaires ☐
B. monocytes ☐
C. plasmocytes ☐
D. macrophages ☐
E. lymphocytes ☐

30. L'immunité acquise :

A. peut être passive ☐
B. peut être conférée par l'injection d'anticorps à un organisme ☐
C. peut être acquise par contact avec la substance étrangère ☐
D. fait intervenir les lymphocytes dans la réaction immunitaire ☐
E. s'accompagne d'une augmentation des anticorps ☐

31. La sécrétion de progestérone :

A. a un effet hyperthermisant ☐
B. diminue le volume utérin ☐
C. maintient la grossesse ☐
D. augmente la sécrétion vaginale ☐
E. prépare l'utérus à l'implantation de l'œuf ☐

32. Parmi les incidents transfusionnels, on peut citer :

A. la surcharge volémique ☐
B. l'infarctus du myocarde ☐
C. l'hyperglycémie ☐

et devant un accident immunologique :

D. on ralentit la transfusion ☐
E. on arrête la transfusion ☐

33. Les produits sanguins labiles comprennent :

A. les concentrés de globules rouges ☐
B. le plasma frais ☐
C. l'albumine ☐

Les règles de compatibilité sanguine sont déterminées par :

D. le système ABO ☐
E. le système Rhésus ☐

34. Le groupe sanguin A Rhésus négatif possède :

A. l'antigène A ☐
B. l'antigène B ☐
C. l'anticorps anti-A ☐
D. l'anticorps anti B ☐
E. l'antigène D ☐

35. Les effets secondaires de la morphine sont :

A. une baisse de la tension artérielle ☐
B. une somnolence ☐
C. une dépression de la respiration ☐
D. une mydriase ☐
E. une diarrhée ☐

36. Quelles sont les propriétés de l'acide acétylsalicylique ?

A. action antalgique ☐
B. action anti-inflammatoire ☐
C. action hémostatique ☐
D. action antipyrétique ☐
E. action anti-agrégante plaquettaire ☐

37. La matériovigilance permet de recenser les incidents :

A. au bloc opératoire ☐
B. lors de la stérilisation ☐
C. liés aux dispositifs médicaux ☐
D. liés à la transfusion sanguine ☐
E. liés aux médicaments ☐

38. Dans le cadre de son rôle propre, l'infirmier(e) accomplit les actes ou dispense les soins suivants :

A. ablation de cathéters centraux ☐
B. utilisation d'un défibrillateur semi-automatique ☐
C. utilisation d'un défibrillateur manuel ☐
D. ventilation manuelle instrumentale par masque ☐
E. toilette périnéale ☐

39. Les conteneurs d'aiguilles :

A. ne doivent être remplis qu'aux 2/3 ☐
B. suivent le circuit des déchets ménagers ☐

Le port de gants est indispensable pour effectuer :

C. prélèvement capillaire ☐
D. prélèvement pour hémoculture ☐
E. prélèvement veineux ☐

40. Dans un établissement de santé, lorsque vous vous piquez le doigt avec une aiguille souillée :

A. vous déclarez l'accident à l'administration ☐
B. vous trempez le doigt dans un antiseptique ☐

C. vous envoyez l'aiguille au laboratoire de bactériologie .... ☐
D. vous vous lavez les mains .... ☐
E. vous déclarez l'accident à la médecine du Travail................................ ☐

QROC

1. Léo, 6 ans, fils unique, est atteint de mucoviscidose. Ses parents redoutent de mettre au monde un 2e enfant atteint de cette maladie, alors qu'aucun des deux parents n'est malade.

À l'aide d'un schéma ou d'un tableau, expliquez quelle est la probabilité pour ces parents d'avoir un autre enfant atteint de mucoviscidose (hérédité autosomique récessive).

2. Structure d'une synapse : légendez le schéma.

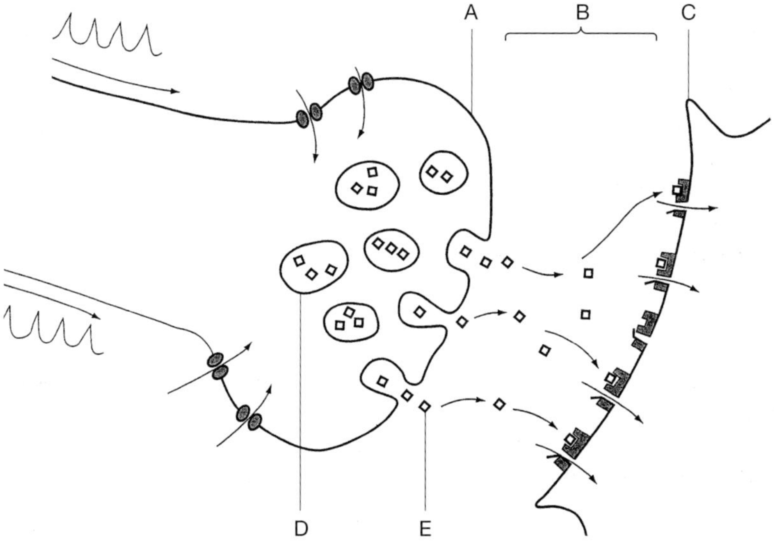

3. Quelles sont les fonctions de la langue ?

4. Complétez la phrase suivante :

La conformation de la bronche droite par rapport à la bronche gauche explique qu'à l'occasion de fausses routes, c'est dans la......... que le corps étranger s'engage le plus fréquemment.

5. Quel nom est donné au canal excréteur principal du pancréas exocrine ?

6. Vous êtes infirmier(e). Vous constatez un accident transfusionnel. Citez trois des principaux signes.

7. Vous êtes infirmier(e). Vous constatez un accident transfusionnel. Quelle est la conduite à tenir ?

8. Quelles vérifications effectue l'infirmier(e) ou la sage-femme avant de distribuer un médicament à son (sa) patient(e) ?

9. Donnez trois missions du Comité de lutte contre les infections nosocomiales (CLIN) d'un établissement hospitalier.

10. Vous devez préparer :
- 2 g de chlorure de sodium (ampoule de 10 mL dosée à 20 %)
- 0,25 g de chlorure de potassium (ampoule de 10 mL dosée à 10 %)
- 25 mg de *Persantine* (ampoule de 2 mL contenant 10 mg)
- 0,30 g de *Xylocaïne* (flacon de 20 mL à 0,5 %)

Indiquez en mL les quantités préparées pour chaque produit. Faites apparaître vos calculs.

CORRIGÉ

QCM

1 : B	**11 :** B	**21 :** A, D	**31 :** A, C, E
2 : A	**12 :** A	**22 :** B, C, E	**32 :** A, E
3 : C	**13 :** C	**23 :** A, B, C	**33 :** A, B, D, E
4 : D	**14 :** B	**24 :** A, B, C, D	**34 :** A, D
5 : C	**15 :** E	**25 :** A, B, D	**35 :** A, B, C
6 : A	**16 :** B	**26 :** A, C, D, E	**36 :** A, B, D, E
7 : C	**17 :** A	**27 :** A, B, C, D, E	**37 :** A, B, C
8 : E	**18 :** D	**28 :** A, D, E	**38 :** B, D, E
9 : A	**19 :** E	**29 :** A, B, C, D, E	**39 :** A, C, D, E
10 : B	**20 :** D	**30 :** A, B, C, D, E	**40 :** A, B, D, E

QROC

1.

Aa \ Aa	A	a
A	AA	Aa
a	Aa	aa

donc 1 enfant sur 4.

2. A. Membrane présynaptique.
B. Fente synaptique.
C. Membrane post-synaptique.
D. Vésicule synaptique.
E. Neurotransmetteur libéré.

3. • La parole.
• La mastication (et déglutition).
• Le goût.

4. La bronche droite.

5. Le canal de Wirsung.

6. • Fièvre.
• Frisson.
• Douleur lombaire.
• Gène respiratoire.
• Éruption.

7. Arrêter la transfusion.
• Conserver la voie veineuse (sérum physiologique et nouvelle tubulure).
• Prendre la pression artérielle.
• Prendre la température.
• Téléphoner au médecin.
• Conserver les poches au réfrigérateur + tubulure + carte de contrôle.

8. • Prescription médicale datée et signée.
• Identité du patient et sa chambre.
• Nom du médicament, date de péremption.
• Dosage et posologie.
• Voie d'administration.
• Horaires et fréquence de la distribution.

9. • Prévention des infections nosocomiales.
• Élaboration et mise en œuvre des recommandations des bonnes pratiques d'hygiène.

• Surveillance des infections nosocomiales.

• Définition d'actions d'information et de formation de l'ensemble du personnel.

• Évaluation des actions de lutte contre les infections nosocomiales.

10. • Chlorure de sodium :

20 g → 100 mL

$$2 \text{ g} \rightarrow \frac{200}{20} = 10 \text{ mL}$$

• Chlorure de potassium :

10 g → 100 mL

$$0{,}25 \text{ g} \rightarrow \frac{100 \times 0{,}25}{10} = 2{,}5 \text{ mL}$$

• *Persantine* :

2 mL → 10 mg

$$25 \text{ mg} \rightarrow \frac{25 \times 2}{10} = 5 \text{ mL}$$

• *Xylocaïne* :

0,50 g → 100 mL

$$0{,}30 \text{ g} \rightarrow \frac{100 \times 0{,}30}{0{,}50} = 60 \text{ mL}$$

SUJET 3 Grenoble

QCM

Questions à choix simple

1. Le bacillus *Anthracis* est :

A. le bacille du choléra ☐
B. le bacille de la diphtérie ☐
C. le bacille de la maladie du charbon ☐
D. le bacille de la tuberculose ☐
E. un bacille qui n'existe pas ☐

2. Dans la tension artérielle, la pression lors de la systole cardiaque correspond :

A. au chiffre de la maxima ☐
B. au chiffre de la minima ☐
C. au chiffre de la moyenne ☐
D. au chiffre de la différence entre la tension minima et maxima ☐
E. au chiffre du débit du cœur ☐

3. La mélatonine est :

A. le nom des différents pigments bruns foncés qui donnent la coloration à la peau, aux cheveux, à l'iris ☐
B. le nom de l'hormone qui agit sur les cellules du derme ☐
C. le nom de la tumeur constituée par des cellules capables de produire des pigments bruns ☐
D. le nom de l'hormone dont la sécrétion dans le corps pinéal est favorisée par l'obscurité ☐
E. le nom donné à la race noire des habitants de Nouvelle Guinée ☐

4. La première loi autorisant l'interruption volontaire de grossesse date du :

A. 28 décembre 1967 ☐
B. 11 juillet 1972 ☐
C. 4 décembre 1974 ☐
D. 17 janvier 1975 ☐
E. 10 février 1976 ☐

5. À compter du 1er janvier 2002, le père qui exerce une activité professionnelle peut bénéficier d'un congé de paternité rémunéré de :

A. 25 jours à la suite de la naissance ou de l'adoption d'un enfant ☐
B. 5 jours à la suite de la naissance ou de l'adoption d'un enfant ☐
C. 11 jours à la suite de la naissance ou de l'adoption d'un enfant ☐
D. 3 jours à la suite de la naissance ou de l'adoption d'un enfant ☐
E. 30 jours à la suite de la naissance ou de l'adoption d'un enfant ☐

6. L'une de ces réponses ne correspond pas au rôle du placenta :

A. permet les échanges respiratoires entre la mère et l'enfant ☐
B. permet les échanges nutritifs entre la mère et l'enfant ☐
C. a une fonction de digestion ☐

D. a une fonction de protection ☐
E. a une fonction de réserve ☐

7. Le taux de létalité du sida dans le monde était en 1994 de :
A. 20 % ☐
B. 40 % ☐
C. 60 % ☐
D. 80 % ☐
E. 100 % ☐

8. L'artère rénale :
A. naît de la crosse de l'aorte ☐
B. naît de l'aorte abdominale ☐
C. naît de l'artère mésentérique ☐
D. se jette dans la veine cave inférieure ☐
E. se jette dans la veine iliaque ☐

9. La protéine contenant du fer et qui donne la couleur aux globules rouges est :
A. la pyrite ☐
B. l'hémostyrine ☐
C. la pyrytine ☐
D. l'hémoglobine ☐
E. la cyrine ☐

10. Le centre du ganglion lymphatique s'appelle :
A. la pépite ☐
B. la médullaire ☐
C. le cortex ☐
D. le processus central ☐
E. le processus ventral ☐

11. L'autre nom du liquide interstitiel est :
A. le plasma ☐
B. le liquide tissulaire ☐
C. le sang ☐
D. la moelle ☐
E. l'hémoglobine ☐

12. Les deux types de lymphocytes sont :
A. blanc et rouge ☐
B. A et Z ☐
C. B et T ☐
D. A et AB ☐
E. B et C ☐

13. L'autre nom de la glande pituitaire est :
A. les testicules ☐
B. l'hypophyse ☐
C. l'amygdale ☐
D. la thyroïde ☐
E. les reins ☐

14. Le pylore se situe :
A. entre l'œsophage et l'estomac ☐
B. entre l'estomac et le duodénum ☐
C. entre le duodénum et le jéjunum ☐
D. entre l'iléon et le côlon ☐
E. entre le côlon et le rectum ☐

15. La trypsine est sécrétée par :
A. les glandes salivaires ☐
B. le pancréas ☐
C. les reins ☐
D. l'intestin grêle ☐
E. le foie ☐

16. Le terme ténotomie est employé pour désigner :

A. une section d'un tendon pour redresser un membre ou un segment de membre ☐
B. une inflammation d'un tendon ☐
C. une greffe tendineuse ☐
D. la fixation du tendon d'un muscle ☐
E. la partie de l'anatomie qui traite des tendons ☐

17. La vaccination qui n'est pas obligatoire est :

A. antitétanique ☐
B. anticoquelucheuse ☐
C. antidiphtérique ☐
D. antituberculeuse ☐
E. antipoliomyélitique ☐

18. Le procédé de stérilisation du matériel de soins par chaleur humide sous pression est :

A. le poupinel ☐
B. l'autoclave ☐
C. l'oxyde d'éthylène ☐
D. l'ozone ☐
E. la vaporisation de formol ☐

19. Une injection intradermique s'effectue :

A. dans l'épiderme ☐
B. dans la couche cornée ☐
C. dans le tissu sous-cutané ☐
D. dans l'hypoderme ☐
E. dans l'épaisseur du derme ☐

20. La lecture du résultat d'une intradermoréaction peut être réalisée par :

A. un(e) infirmier(e) ☐
B. un(e) aide soigant(e) ☐
C. un(e) éducateur(trice) spécialisé(e) ☐
D. un(e) auxiliaire de puériculture ☐
E. un médecin ☐

21. Une entérocolite est une inflammation simultanée des muqueuses :

A. du duodénum et de l'intestin grêle ☐
B. du duodénum et du jéjunum ☐
C. de l'intestin grêle et du côlon ☐
D. de l'estomac et de l'intestin grêle ☐
E. du côlon et du rectum ☐

22. Un gel hydro-alcoolique :

A. remplace parfois un lavage de mains ☐
B. sert à pratiquer des frictions ☐
C. a une action anti-escarre ☐
D. est un substitut de l'alcool ☐
E. permet la fixation des cheveux ☐

23. La ration alimentaire journalière d'un adulte doit comporter :

A. 40 % de protides ☐
B. 30 % de protides ☐
C. 25 % de protides ☐
D. 20 % de protides ☐
E. 12 % de protides ☐

24. Un détergent est :

A. un produit nettoyant ne contenant pas d'agent antimicrobien .... ☐
B. un produit nettoyant contenant au moins un principe actif doué de propriétés antimicrobiennes .... ☐
C. un produit présentant la double propriété d'être détergent et désinfectant .... ☐
D. un produit nettoyant ayant une action bactériostatique .... ☐
E. un produit nettoyant et désinfectant .... ☐

Questions à choix multiple

25. Les actions de la morphine sont :

A. la baisse de la tension artérielle .... ☐
B. l'accélération de la fréquence cardiaque .... ☐
C. la dépression de la respiration .... ☐
D. la mydriase .... ☐
E. la régulation de la douleur au niveau du cerveau .... ☐

26. Le liquide céphalo-rachidien normal :

A. est clair, eau de roche .... ☐
B. est trouble, eau de riz .... ☐
C. contient moins de 5 éléments blancs par millimètre cube .... ☐
D. contient en moyenne 0,3 g de protéines par litre .... ☐
E. contient en moyenne 0,5 g de glucides par litre .... ☐

27. En santé publique, on parle de prévention primaire :

A. lorsque celle-ci s'exerce avant l'apparition de la maladie .... ☐
B. lorsque celle-ci fait appel à des mesures de prévention individuelles .... ☐
C. lorsque celle-ci fait appel à des mesures de prévention collectives .... ☐
D. lorsque celle-ci tente de limiter le développement des maladies .... ☐
E. lorsque celle-ci prend en compte le dépistage précoce des maladies .... ☐

28. Le zona est :

A. une affection caractérisée par une éruption bilatérale de vésicules rappelant celles de l'herpès .... ☐
B. une éruption de vésicules disposées par grappes sur le trajet d'un nerf de la sensibilité .... ☐
C. une éruption accompagnée de douleurs plus ou moins intenses .... ☐
D. une maladie due à un virus de la famille de l'herpès .... ☐
E. une maladie qui survient le plus souvent chez un sujet ayant eu la varicelle .... ☐

29. À partir des besoins fondamentaux de Virginia Henderson, cochez ceux qu'elle a réellement cités :

A. boire et manger .... ☐
B. s'amuser .... ☐
C. agir selon ses valeurs et ses croyances .... ☐
D. se mouvoir et maintenir une bonne posture .... ☐
E. éviter les problèmes .... ☐

30. Parmi les actes repris en annexe du décret du 29 juillet 2004, quels sont ceux appartenant au rôle propre de l'infirmier(e) :

A. la surveillance de l'hygiène et de l'équilibre alimentaire ☐
B. la scarification et l'injection destinées aux vaccinations ou aux tests tuberculiniques ☐
C. les soins et la surveillance des patients placés en milieu stérile ☐
D. les saignées ☐
E. la ventilation manuelle instrumentale par masque ☐

31. Les corticoïdes peuvent entraîner :

A. une rétention hydrosodée ☐
B. une hypokaliémie ☐
C. un ulcère gastroduodénal ☐
D. un affaiblissement des défenses immunitaires ☐
E. une ostéoporose ☐

32. L'acide acétylsalicylique a une action :

A. analgésique ☐
B. antipyrétique ☐
C. anti-inflammatoire ☐
D. antiagrégante plaquettaire ☐
E. antidiurétique ☐

33. Lesquels de ces sucres sont des disaccharides ?

A. l'amidon ☐
B. le maltose ☐
C. le glucose ☐
D. le saccharose ☐
E. le lactose ☐

34. La théobromine :

A. est une substance excitante ☐
B. se trouve dans le chocolat ☐
C. se trouve dans le café ☐
D. se trouve dans le thé ☐
E. se trouve dans le lait ☐

35. Un malade ayant un tableau de hernie étranglée aura les signes suivants :

A. douleur ☐
B. fièvre ☐
C. vomissement ☐
D. diarrhée ☐
E. arrêt des matières et des gaz ☐

36. La *Bétadine* est un :

A. antiseptique ☐
B. détergent ☐
C. désinfectant ☐
D. bactéricide ☐
E. bactériostatique ☐

37. La mononucléose infectieuse est :

A. une maladie contagieuse ☐
B. caractérisée par des adénopathies cervicale ☐
C. caractérisée par de la fièvre ☐
D. caractérisée par des maux de gorge ☐
E. caractérisée par une grande asthénie ☐

38. L'urine est composée normalement de :

A. sels minéraux ☐
B. créatinine ☐
C. acide sulfurique ☐
D. pigments urinaires ☐
E. bilirubine ☐

39. Le liquide céphalo-rachidien a un rôle :

A. protecteur ☐
B. nourricier ☐
C. conducteur de l'influx nerveux ☐
D. végétatif ☐
E. moteur ☐

40. Les précautions « standard » à respecter lors de soins à tout patient sont :

A. le lavage des mains ☐
B. le port de gant si risque de contact avec le sang (ou autre produit d'origine humaine) ☐
C. l'antisepsie systématique des mains ☐
D. l'utilisation de matériel à usage unique ☐
E. le nettoyage et l'antisepsie du matériel de soins ☐

QROC

1. Quelles vérifications effectue l'infirmier(e) ou la sage-femme avant de distribuer un médicament à son patient ?

2. Quelles précautions indispensables doivent être respectées pour éviter les risques liés à une piqûre par aiguille souillée ?

3. Quelles sont les fonctions de l'oreille ?

4. Dans un centre hospitalier, qu'est-ce que le CHSCT ? Citez 5 de ses missions principales.

5. Citez 5 signes cliniques caractéristiques de la méningite purulente.

6. Quels sont les trois principaux symptômes constituant l'éclampsie ou rencontrés lors d'une crise d'éclampsie ?

7. Complétez le schéma simplifié de l'œil vu de profil (9 éléments).

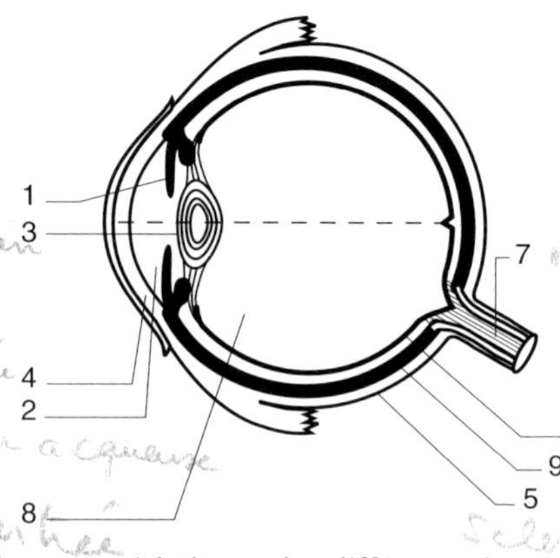

8. Quelles sont les caractéristiques des différents degrés de brûlures rencontrées ?

9. Donnez la définition de l'infection nosocomiale.

10. Vous appliquez la prescription médicale suivante :
- perfusion 500 mL de sérum glucosé à 5 % ;
- 600 mg de chlorure de sodium ;
- 500 mg de chlorure de potassium ;
- 250 mg de gluconate de calcium.

Vous disposez d'ampoules de solutés de 10 mL à 10 % pour le NaCl et le gluconate de Ca.

Vous disposez d'une ampoule de soluté de 10 mL à 20 % pour le KCl.

a) Quels sont les volumes :
- de chlorure de sodium,
- de chlorure de potassium,
- de gluconate de calcium,

que vous prélevez dans les ampoules pour les ajouter au sérum glucosé isotonique ?

b) Quel est le débit en gouttes par minute sachant que la durée prescrite est de trois heures (arrondir à un nombre entier) avec un perfuseur standard ?

CORRIGÉ

QCM

1 : C	**11 :** B	**21 :** C	**31 :** A, B, C, D, E
2 : A	**12 :** C	**22 :** A	**32 :** A, B, C, D
3 : D	**13 :** B	**23 :** E	**33 :** B, D, E
4 : D	**14 :** B	**24 :** A	**34 :** A, B, D
5 : C	**15 :** B	**25 :** A, C, E	**35 :** A, C, E
6 : C	**16 :** A	**26 :** A, C, D, E	**36 :** A, D
7 : D	**17 :** B	**27 :** A, B, C	**37 :** A, B, C, D, E
8 : B	**18 :** B	**28 :** B, C, D, E	**38 :** A, B, D
9 : D	**19 :** E	**29 :** A, C, D	**39 :** A, B
10 : B	**20 :** E	**30 :** A, C	**40 :** A, B

QROC

1.
- Prescription médicale datée et signée.
- Identité du patient et sa chambre.
- Nom du médicament, date de péremption.

- Dosage et posologie.
- Voie d'administration.
- Horaires et fréquence de la distribution.

2. • Ne jamais recapuchonner une aiguille.

- Mettre dans un container spécial les aiguilles souillées.
- Utiliser des gants, surtout si connaissance de risque ou si érosion cutanée.
- Vaccination du personnel contre l'hépatite B.

3. Équilibration et audition.

4. C'est le Comité d'hygiène, de sécurité et des conditions de travail.

Il a comme missions principales de :

- contribuer à la protection de la santé et de la sécurité des salariés ;
- contribuer à l'amélioration des conditions de travail ;
- veiller à l'observation des prescriptions réglementaires ;
- analyser les conditions de travail et les risques professionnels exposant les salariés de l'établissement et en particulier les femmes enceintes ;
- être consulté avant tout aménagement important modifiant les conditions de travail ;
- procéder à des inspections régulières, réaliser des études et effectuer des enquêtes.

5. • Vomissements.

- Photophobie.
- Céphalées.
- Fièvre.
- Raideur de la nuque.
- Trouble de la conscience.

6. • Une hypertension artérielle.

- Une protéinurie.
- Des œdèmes.

7.

1 : Iris	**2 :** Humeur aqueuse
3 : Cristallin	**4 :** Cornée
5 : Sclérotique	**6 :** Rétine
7 : Nerf optique	**8 :** Humeur vitrée
9 : Choroïde	

8. • Les brûlures du 1er degré (simple) : érythème douloureux.

- Les brûlures du 2e degré : superficiel-phlyctène rouge.
- Les brûlures du 3e degré : profond-phyctène blanc carbonisé.

9. • Infection contractée par un malade hospitalisé qui n'était ni présente, ni en incubation à l'entrée du malade.

- Infection présente 48 heures minimum après l'admission du patient.
- Infection sur une plaie opératoire jusqu'à 30 jours après l'intervention.
- Infection sur une prothèse, un implant, jusqu'à un an après la pose.

10. **a)** Volumes :

- NaCl = 6 mL d'une ampoule à 10 % ;
- KCl = 2,5 mL d'une ampoule à 20 % ;
- GlCa = 2,5 mL d'une ampoule à 10 %.

b) Débit : Volume total à perfuser :

- 511 mL en 3 h ;
- 511 mL/3 = 170 mL/heure ;
- 1 mL $\rightarrow$ 20 gouttes ;
- 170 mL $\rightarrow$ X ;
- X = 170 $\times$ 20 = 3 400 gouttes/h ;
- 3 400 gouttes $\rightarrow$ 60 min ;
- $x \rightarrow$ 1 min ;
- $x = \frac{3\,400}{60}$ = 56,66 soit 57 gouttes.

SUJET 4 Île-de-France (groupement Sud)

QCM

Questions à choix simple

1. L'interruption volontaire de grossesse doit légalement se pratiquer dans les :

A. six semaines d'aménorrhée ...... ☐
B. huit semaines d'aménorrhée .... ☐
C. dix semaines d'aménorrhée ..... ☐
D. douze semaines d'aménorrhée .. ☐
E. quatorze semaines d'aménorrhée ☒

2. Quel est le code qui sanctionne le manquement au secret professionnel :

A. Code de la Sécurité sociale ...... ☐
B. Code de Procédure civile .... ☐
C. Code de la Famille .... ☐
D. Code du Travail .... ☐
E. Code pénal .... ☒

3. L'organogenèse correspond à :

A. la mise en place des trois feuillets principaux .... ☐
B. l'édification des principales ébauches d'organes .... ☒
C. la prise de forme et de volume du fœtus .... ☐
D. la maturation fœtale .... ☐
E. la physiologie fœtale .... ☐

4. Lors du cycle menstruel, la phase lutéale correspond à :

A. la constriction des vaisseaux de l'endomètre .... ☐
B. l'apparition des règles .... ☐
C. la formation du corps jaune .... ☒
D. la rupture folliculaire .... ☐
E. la chute du taux de progestérone .... ☐

5. Le trou de Botal est une communication entre :

A. le ventricule droit – le ventricule gauche .... ☐
B. l'oreillette droite – le ventricule droit .... ☐
C. l'oreillette gauche – le ventricule gauche .... ☐
D. l'oreillette droite – l'oreillette gauche .... ☐
E. l'artère pulmonaire – l'aorte .... ☒

6. Laquelle des substances suivantes est absorbée par le tubule contourné proximal ?

A. le sodium .... ☒
B. le potassium .... ☐
C. le calcium .... ☐
D. les acides aminés .... ☐
E. aucune de ces substances .... ☐

7. Dans quelle maladie infantile trouve-t-on le signe de Koplick ?

A. la rubéole .... ☐ C. la roséole .... ☐ E. les oreillons ..... ☐
B. la rougeole .... ☒ D. la varicelle .... ☐

8. Parmi les propositions suivantes, un élément ne s'applique pas à l'épidémiologie de la varicelle lequel ?

A. l'infection habituelle de l'enfance .... ☐
B. la transmission trans-placentaire possible .... ☐
C. la contamination indirecte par objet souillé.. ☒
D. elle survient plus précocement en milieu urbain .... ☐
E. la contamination directe au contact d'un porteur .... ☐

9. Parmi les infections suivantes, toutes sont sexuellement transmissibles sauf une :

A. herpès génital...... ☐ C. listériose............ ☒ E. infection VIH ... ☐
B. chlamydia........... ☐ D. hépatite B.......... ☐

10. Le placenta praevia se caractérise par :

A. des douleurs permanentes....... ☐ D. une hypertension .... ☐
B. des métrorragies répétées .... ☒ E. des œdèmes .... ☐
C. un état de choc .... ☐

11. Le cordon ombilical contient :

A. une veine et deux artères .... ☒ D. une artère et une aorte .... ☐
B. une artère et deux veines .... ☐ E. deux veines et trois artères ..... ☐
C. deux veines et deux artères..... ☐

Questions de type association

Associez à l'instance administrative la compétence correspondante :

A. l'État
B. la Région
C. le Département
D. la Commune

12. La santé mentale Réponse [...]

13. La protection maternelle et infantile Réponse [...]

Associez les termes suivants à la définition qui leur correspond :

A. allergie
B. tolérance
C. accoutumance
D. dépendance
E. biodisponibilité

14. État d'un sujet qui supporte des doses toxiques d'un produit alors que ces doses provoqueraient des troubles chez un sujet normal

Réponse [...]

15. Diminution des effets sur l'organisme d'une dose fixe de médicament

Réponse [...]

Associez aux vitamines suivantes le terme correspondant :
A. hydrosoluble
B. liposoluble

16. Vitamine A Réponse [...]

17. Vitamine D Réponse [...]

18. Vitamine C Réponse [...]

Associez les paliers suivants aux médicaments qui leur correspondent :
A. palier I
B. palier II
C. palier III

19. Codéine Réponse [...]

20. Paracétamol Réponse [...]

Associez les caractéristiques suivantes entre elles :
A. anoxie ischémique
B. anoxie anémique
C. anoxie hypoxémique

21. Échange alvéolo-capillaire insuffisant Réponse [...]

22. Diminution de la pression sanguine (en raison d'une insuffisance cardiaque) Réponse [...]

23. Déficit en hémoglobine Réponse [...]

Associez les termes suivants aux phénomènes cardiaques correspondants :
A. systole auriculaire
B. diastole générale
C. extra-systole
D. systole ventriculaire
E. fibrillation

24. Contractions anarchiques des oreillettes et ventricules Réponse [...]

25. Contractions cardiaques survenant en dehors des systoles normales Réponse [...]

Associez aux termes ci-dessous la définition correspondante :
A. nombre et morphologie des chromosomes qui caractérisent une espèce
B. ensemble des gènes d'un individu, patrimoine héréditaire
C. ensemble des caractéristiques qualifiables et quantifiables d'un individu

26. Phénotype Réponse [...]

27. Génotype Réponse [...]

QCM à compléments groupés

Répondre :
A : si 1, 2, 3 sont vrais
B : si 1, 3 sont vrais
C : si 2, 4 sont vrais

D : si 4 est vrai
E : si 1, 2, 3, 4 sont vrais

28. La planification familiale se définit comme centre :
1. d'hébergement des femmes isolées
2. d'information sur la contraception
3. d'aide financière aux familles
4. de statistiques sur l'interruption volontaire de grossesse

29. Les droits de la femme enceinte salariée sont :
1. changer temporairement de poste de travail sur avis médical
2. démissionner au terme d'un préavis d'un mois
3. postuler à un emploi sans révéler son état de grossesse
4. bénéficier du congé maternité sans avertir l'employeur

30. Parmi les vaccinations obligatoires pour un enfant de 8 mois en bonne santé, gardé au domicile d'une assistante maternelle, il y a :
1. diphtérie
2. tétanos
3. poliomyélite
4. coqueluche

31. La démarche épidémiologique vise à :
1. l'aide à la décision d'actions de santé publique
2. la mise en évidence du rôle des facteurs de risque
3. l'étude des phénomènes de santé dans les populations
4. l'évaluation des résultats des actions entreprises

32. Le personnel médical et paramédical est relevé du secret professionnel dans les cas suivants :
1. viol d'une femme handicapée mentale
2. sévices à épouse
3. sévices sur enfant de moins de 15 ans
4. avortement

33. Dans un hôpital, le comité de lutte contre l'infection nosocomiale a la charge de :
1. prévenir les chaînes de contamination
2. recueillir les déclarations d'infection émanant des services
3. surveiller et communiquer toute infection constatée à l'hôpital
4. déclarer toute personne atteinte d'une infection

34. Les nutriments qui favorisent la maturation cérébrale sont :
1. les acides gras insaturés
2. le glucose
3. le lactose
4. les acides gras saturés

35. Les corticoïdes peuvent entraîner :
1. une destruction de la flore intestinale
2. une augmentation de la glycémie

3. une hypotension
4. une atrophie des surrénales

36. Le traitement de la toxémie gravidique repose sur :
1. le repos
2. les sédatifs
3. les hypotenseurs
4. le régime hyperprotidique

37. Les échanges gazeux au niveau des poumons nécessitent :
1. une différence de pression entre les gaz alvéolaires et le sang
2. un bon état des voies aériennes
3. l'intégrité de la membrane alvéolo-capillaire
4. un équilibre entre ventilation et circulation

38. L'immunité vaccinale est un phénomène :
1. actif
2. postérieur à un contact avec un antigène
3. spécifique
4. transférable par injection de sérum

39. Les compétences du Président du Conseil général sont :
1. la protection maternelle et infantile
2. la gestion des lycées
3. l'aide sociale à l'enfance
4. la lutte contre le sida

40. Une maladie récessive autosomique apparaît chez :
1. un enfant sur deux du couple
2. un enfant homozygote pour le gène concerné
3. tous les enfants du couple
4. un enfant sur quatre du couple

QROC

1. L'organisation mondiale de la santé distingue trois degrés de prévention en matière de soins. Citez-les et donnez-en une définition.

2. Citez les quatre caractéristiques de la collaboration de l'infirmier(e) diplômé(e) d'État avec l'aide-soignant(e) ou l'auxiliaire de puériculture en référence au décret du 29 juillet 2004 relatif aux actes professionnels et à l'exercice de la profession d'infirmier(e).

3. Indiquez les vérifications effectuées par l'infirmier(e) avant de distribuer un médicament à un patient.

4. Vous devez préparer :
- 3 g de chlorure de sodium (ampoule de 20 mL à 20 %)
- 2 g de chlorure de potassium (ampoule de 10 mL à 10 %)
- 60 mg de gentalline (ampoule de 2 mL dosée à 80 mg)
- 15 UI de tuberculine (ampoule de 0,5 mL dosée à 50 UI)

Quelles sont les quantités à prélever pour chaque produit (réponses en mL) ? Faites figurer votre raisonnement.

5. Définissez les termes suivants :

- désinfectant
- antiseptique.

6. Complétez le schéma ci-dessous.

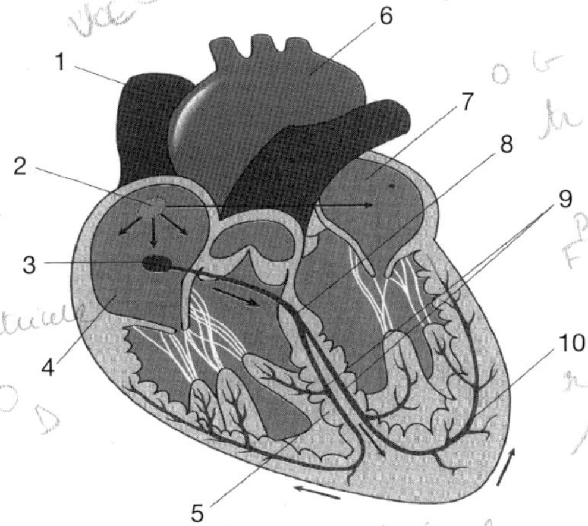

7. Proposez un titre et annotez le schéma ci-dessous.

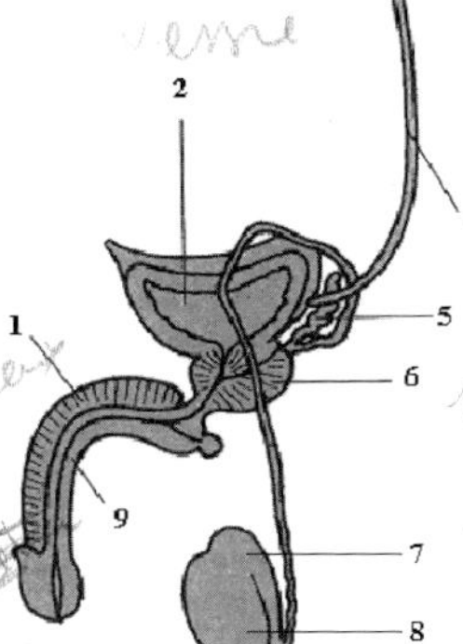

8. Complétez le tableau ci-dessous, pour identifier les différentes caractéristiques des groupes AB positif.

Groupe	Agglutinogène	Agglutinine	Peut donner du sang à :	Peut recevoir du sang de :
AB Positif				

9. Définissez les termes suivants :
• la mitose
• le chromosome.

10. Vous devez réaliser une solution de permanganate de potassium diluée à 5 ‱. Vous disposez d'une cuvette de 2 litres et de comprimés de permanganate de potassium dosés à 0,25 g de produit actif par comprimé.

Quel est le nombre de comprimés nécessaires ? Faites apparaître votre raisonnement.

CORRIGÉ

QCM

1 : E
2 : E
3 : B
4 : C
5 : D
6 : A
7 : B
8 : C
9 : C
10 : B
11 : A
12 : A
13 : C
14 : C
15 : B
16 : B
17 : B
18 : A
19 : B
20 : A
21 : C
22 : A
23 : B
24 : E
25 : C
26 : C
27 : B
28 : *2, 4* → C
29 : *1, 3* → B
30 : *1, 2, 3* → A
31 : *1, 2, 3, 4* → E
32 : *1, 3* → B
33 : *1, 2, 3* → A
34 : *1, 2, 3* → A
35 : *2, 4* → C
36 : *1, 2, 3* → A
37 : *1, 2, 3, 4* → E
38 : *1, 2, 3* → A
39 : *1, 3* → B
40 : *2, 4* → C

QROC

1. • Prévention primaire : prévenir l'apparition des maladies par des actions sur le milieu de vie de l'homme.

• Prévention secondaire : dépister précocement les maladies.

• Prévention tertiaire : éviter les rechutes, accélérer la guérison par la participation active du patient, favoriser la réinsertion professionnelle.

2. • Collaboration aux soins parmi ceux du rôle propre ou dans le cadre des protocoles de soins infirmiers.

- Sous la responsabilité de l'infirmier(e).
- Encadrement par l'infirmier(e).
- Dans la limite des compétences reconnues à l'aide-soignante et l'auxiliaire de puériculture du fait de leur formation.

3. • La prescription médicale écrite, datée et signée.
- L'identité du patient.
- Le nom du médicament, le dosage, la posologie, la voie d'administration.
- L'horaire et la fréquence de la distribution.

4. • 15 mL de chlorure de sodium.
- 20 mL de chlorure de potassium.
- 1,5 mL de gentalline.
- 0,15 mL de tuberculine.

5. • Désinfectant : produit bactéricide, parfois fongicide et virucide destiné à l'usage externe et d'action momentanée utilisé pour le matériel ou tissus inertes.
- Antiseptique : produit bactéricide, parfois fongicide et virucide destiné à l'usage externe et d'action momentanée utilisé pour les tissus vivants.

6. **1.** veine cave supérieure
2. nœud sinusal (nœud de Keith et Flack)
3. nœud auriculo-ventriculaire (nœud d'Aschoff-Tawara)
4. oreillette droite
5. septum ventriculaire
6. aorte
7. oreillette gauche
8. tronc du faisceau de His
9. branches du faisceau de His
10. réseau de Purkinje

7. Titre : L'appareil génito-urinaire masculin
1. corps caverneux
2. vessie
3. rein
4. uretère
5. vésicule séminale
6. prostate
7. épididyme
8. testicule
9. corps spongieux

8.

Groupe	Agglutinogène	Agglutinine	Peut donner du sang à :	Peut recevoir du sang de :
AB Positif	A et B	Non	A B+	Groupes 0, A, B, AB

9. • La mitose est la réplication de l'ADN et la fabrication conséquente de 2 cellules filles à partir d'une cellule-mère.

• Le chromosome est une molécule d'ADN condensé afin de faciliter une égale répartition du matériel génétique lors de la division cellulaire. Il porte l'intégralité du patrimoine génétique d'un individu.

10. 5 g pour 10 000 mL = 10 litres

0,5 g pour 1 litre

1 g pour 2 litres

1 g = 0,25 × 4
4 comprimés.

SUJET 5 Lille – CHRU

QCM

1. L'artère pulmonaire :

A. arrive à l'oreillette droite ☐
B. arrive à l'oreillette gauche ☐
C. arrive au ventricule droit ☐
D. quitte le ventricule droit ☐
E. quitte le ventricule gauche ☐

2. La valvule tricuspide se situe entre :

A. oreillette droite et ventricule droit ☐
B. oreillette gauche et ventricule gauche ☐
C. ventricule gauche et aorte ☐
D. ventricule droit et artère pulmonaire ☐
E. aucun des éléments ci-dessus ☐

3. Le cortex sensitif se situe au niveau du :

A. lobe temporal ☐
B. lobe occipital ☐
C. lobe frontal ☐
D. carrefour temporo-pariéto-occipital ☐
E. lobe pariétal ☐

4. Le cervelet exerce un contrôle sur :

A. le centre du langage ☐
B. la vigilance et le sommeil ☐
C. le tonus musculaire ☐
D. le centre respiratoire ☐
E. le système neurovégétatif ☐

5. L'expression des caractères déterminés par les gènes s'appelle :

A. locus ☐
B. caryotype ☐
C. génotype ☐
D. phénotype ☐
E. haplotype ☐

6. La prévention tertiaire permet de :

A. dépister les handicaps ☐
B. prévenir les maladies ☐
C. dépister les facteurs de risque ☐
D. traiter les maladies ☐
E. contribuer à la réinsertion professionnelle ☐

7. Le chlorure de sodium isotonique a une concentration de :

A. 9 % ☐
B. 5 % ☐
C. 14 % ☐
D. 9 ‰ ☐
E. 5 ‰ ☐

8. L'élément qui intervient dans l'activité sécrétoire des cellules s'appelle :

A. appareil de Golgi ☐
B. lysosome ☐
C. réticulum endoplasmique ☐
D. ribosome ☐
E. mitochondrie ☐

9. Pendant la phase folliculaire, l'ovaire sécrète :

A. de la progestérone ☐
B. de la LH ☐
C. de la FSH ☐
D. des œstrogènes ☐
E. de la LH-RH ☐

10. Lors du cycle menstruel, le follicule mature s'appelle follicule :

A. primordial ☐
B. primaire ☐
C. secondaire ☐
D. de De Graaf ☐
E. cavitaire ☐

11. Le néphron est composé des différents éléments suivants sauf un, lequel ?

A. glomérule de Malpighi ☐
B. tube contourné ☐
C. colonne de Bertin ☐
D. anse de Henlé ☐
E. tube de Bellini ☐

12. Lors de l'élimination rénale, la réabsorption active du sodium et de l'eau se fait en majorité au niveau :

A. du tube proximal ☐
B. du tube distal ☐
C. de l'anse de Henlé ☐
D. du tube collecteur de Bellini ☐
E. du glomérule ☐

13. La perception des sons se fait au niveau :

A. du pavillon de l'oreille ☐
B. du tympan ☐
C. de l'étrier ☐
D. de l'organe de Corti ☐
E. des canaux semi-circulaires ☐

14. Les rayons lumineux convergent en avant de la rétine dans :

A. la myopie ☐
B. l'hypermétropie ☐
C. la presbytie ☐
D. l'astigmatisme ☐
E. la cataracte ☐

15. La stimulation du système nerveux sympathique entraîne :

A. un ralentissement du rythme cardiaque ☐
B. un ralentissement du transit digestif ☐
C. un myosis ☐
D. une vasoconstriction pulmonaire ☐
E. une vasodilatation périphérique ☐

16. L'état de contraction partielle et permanente d'un muscle s'appelle :

A. seuil d'excitation ☐
B. source d'énergie ☐
C. tonus musculaire ☐
D. élasticité ☐
E. tétanie ☐

17. La transmission nerveuse de la contraction musculaire s'effectue au niveau de :

A. la plaque motrice ☐
B. la synapse ☐
C. la plaque neurale ☐
D. la sensibilité proprioceptive ☐
E. l'axone ☐

18. À l'état normal, l'utérus et le vagin sont en :

A. antéflexion ☐
B. antéversion ☐

C. rétroflexion ☐
D. rétroversion ☐
E. aucune des positions précédentes ☐

19. Un contraceptif par œstroprogestatif par voie orale se prend :
A. avant le rapport sexuel ☐
B. un jour sur deux ☐
C. une semaine sur deux ☐
D. pendant 21 jours suivis d'un arrêt de 7 jours ☐
E. tous les jours sans aucun arrêt ☐

20. L'évolution de la réaction inflammatoire comporte :
A. une phase de vasodilatation ☐
B. une phase de migration leucocytaire ☐
C. une phase de phagocytose ☐
D. une phase de cicatrisation ☐
E. toutes les phases précédentes ☐

21. Les immunoglobulines responsables des manifestations allergiques lors de la rencontre d'un antigène spécifique s'appellent :
A. Ig A ☐
B. Ig D ☐
C. Ig E ☐
D. Ig G ☐
E. Ig M ☐

22. La méthode qui consiste à rechercher sur les globules rouges d'un sujet les anticorps qui les détruisent s'appelle :
A. test de Coombs ☐
B. réaction de Beth-Vincent ☐
C. recherche d'agglutinines irrégulières ☐
D. immunoélectrophorèse ☐
E. contre-immunoélectrophorèse ☐

23. Le mésoblaste est à l'origine :
A. du système nerveux ☐
B. de l'épiderme ☐
C. du squelette ☐
D. de l'appareil digestif ☐
E. de l'épithélium respiratoire ☐

24. Les contractions utérines ont les caractéristiques suivantes sauf une, laquelle ?
A. intermittentes et rythmées ☐
B. progressives dans la durée et l'intensité ☐
C. totales ☐
D. irrégulières ☐
E. involontaires ☐

25. L'œuf, formé lors de la fécondation, atteint la cavité utérine au stade de :
A. 2 blastomères ☐
B. trophoblaste ☐
C. morula ☐
D. blastocyste ☐
E. bouton embryonnaire ☐

26. Lors de l'accouchement, l'expulsion du fœtus commence lorsque :

A. la dilatation du col est complète ☐
B. la poche des eaux est rompue ☐
C. la tête fœtale est descendue dans le pelvis ☐
D. la femme ressent le besoin de pousser ☐
E. toutes les conditions ci-dessus sont réunies ☐

27. La demi-vie plasmatique d'un médicament dépend de sa :

A. clairance (ou clearance) ☐
B. quantité ☐
C. concentration initiale ☐
D. voie d'administration ☐
E. durée d'action ☐

28. Avant d'être excrété par les reins, un médicament liposoluble doit d'abord passer par :

A. le sang ☐
B. le foie ☐
C. le pancréas ☐
D. le tissu cible ☐
E. l'intestin ☐

29. Le canal de Wharton est le canal excréteur :

A. de la vésicule biliaire ☐
B. des glandes salivaires sous-maxillaires ☐
C. des glandes lacrymales ☐
D. du pancréas ☐
E. des glandes fundiques ☐

30. L'intestin intervient dans les fonctions suivantes sauf une, laquelle ?

A. la phase ultime de dégradation des aliments ingérés ☐
B. la progression du bol alimentaire ☐
C. une barrière contre les antigènes étrangers introduits par voie alimentaire ☐
D. l'équilibre hémodynamique ☐
E. la réduction du fer ferrique en fer ferreux ☐

31. INSEE signifie Institut national de :

A. la statistique et des études économiques ☐
B. la statistique et des études épidémiologiques ☐
C. la sécurité et des études énergétiques ☐
D. la santé et des études d'emploi ☐
E. la santé, de l'épidémiologie et de l'énergie ☐

32. Parmi les enzymes suivantes, une seule n'est pas pancréatique, laquelle ?

A. amylase ☐
B. lipase ☐
C. élastase ☐
D. nucléotidases ☐
E. peptidase ☐

33. Il n'y a pas transmission des anticorps de la mère au fœtus dans une seule des maladies infectieuses suivantes, laquelle ?

A. oreillons ☐
B. rougeole ☐
C. rubéole ☐
D. coqueluche ☐
E. varicelle ☐

34. La mortalité infantile prend en compte le nombre de décès d'enfants de moins de :

A. 1 an ☐
B. 9 mois ☐
C. 3 mois ☐
D. 28 jours ☐
E. 7 jours ☐

35. La responsabilité pénale est engagée lorsqu'il y a :

A. obligation de réparer un dommage ☐
B. infraction à un texte de loi ☐
C. responsabilité pécuniaire ☐
D. demande de dommages et intérêts ☐
E. un règlement entre assurances ☐

36. DDASS signifie : Direction départementale...

A. de l'action sanitaire et sociale ☐
B. de l'activité sanitaire et sociale ☐
C. de l'action sociale et de santé ☐
D. des affaires sanitaires et sociales ☐
E. des affaires sociales et de santé ☐

37. Le CNOSS est :

A. le Comité national de l'organisation sanitaire et sociale ☐
B. le Comité national d'orientation sanitaire et sociale ☐
C. le Comité national d'organisation de la Sécurité sociale ☐
D. le Centre national d'organisation de la Sécurité sociale ☐
E. la Commission d'organisation sanitaire et sociale ☐

38. Les maladies infectieuses suivantes sont dues à un virus sauf une, laquelle ?

A. rougeole ☐
B. rubéole ☐
C. poliomyélite ☐
D. coqueluche ☐
E. varicelle ☐

39. Les agents des établissements publics de santé relèvent du Titre IV du statut général des fonctionnaires depuis la loi du :

A. 13 juillet 1983 ☐
B. 16 janvier 1984 ☐
C. 24 janvier 1984 ☐
D. 9 janvier 1986 ☐
E. 31 juillet 1991 ☐

40. Parmi les complications suivantes, une seule est une complication possible des oreillons. Laquelle ?

A. méningite lymphocytaire ☐
B. syndrome hémorragique ☐
C. endocardite ☐
D. glomérulonéphrite ☐
E. pneumopathie interstitielle ☐

QROC

1. Quel est le rôle du système sympathique sur le cœur ?

2. a) Décrivez la circulation de l'adulte (schéma accepté)

b) Définissez petite et grande circulation.

3. Le médecin prescrit une transfusion de concentré érythrocytaire standard à Monsieur J.

a) Quelles informations devez-vous retrouver sur l'ordonnance ?

b) Quels sont les résultats de groupes sanguins que vous devez avoir pour transfuser ?

4. Lors de la coagulation, les globules rouges sont emprisonnés dans un réseau de fibrine. Donnez le schéma de la formation de la fibrine.

5. La loi hospitalière de 1991 a créé le service de soins infirmiers et la commission du service de soins infirmiers. Selon cette loi :

a) Définissez le service de soins infirmiers.

b) Citez les missions de la commission du service de soins infirmiers.

6. Vous préparez une perfusion de 350 mL de sérum glucosé à 10 % contenant 3,5 g/L de NaCl à 20 %, 1,5 g/L de KCl à 7,5 % et 1 g/L de gluconate de Ca à 10 %. De quelle quantité d'ions aurez-vous besoin pour cette perfusion de 350 mL ? Posez vos calculs.

7. Définissez prévalence et incidence.

8. a) Citez les éléments dont dépend l'absorption d'un médicament.

b) À quel texte de la législation professionnelle vous référez-vous lors de la préparation et de la distribution d'un médicament à l'hôpital ?

9. Décrivez l'exanthème de la varicelle à la phase d'état et son évolution.

10. Citez les actions de la bile.

CORRIGÉ

QCM

1 : D	**11 :** C	**21 :** C	**31 :** A
2 : A	**12 :** A	**22 :** A	**32 :** E
3 : E	**13 :** D	**23 :** C	**33 :** D
4 : C	**14 :** A	**24 :** D	**34 :** A
5 : D	**15 :** B	**25 :** C	**35 :** B
6 : E	**16 :** C	**26 :** E	**36 :** D
7 : D	**17 :** A	**27 :** A	**37 :** A
8 : A	**18 :** B	**28 :** B	**38 :** D
9 : D	**19 :** D	**29 :** B	**39 :** D
10 : D	**20 :** E	**30 :** E	**40 :** A

QROC

1. • Accélère le rythme cardiaque (en raccourcissant sa diastole).
   • Augmente la puissance de la systole auriculaire.
   • Abrège le temps de conduction auriculo-ventriculaire.
   • Renforce le tonus du myocarde.

2. a)

Veines caves → Oreillette droite → Ventricule droit → Artère pulmonaire
↑ ↓
Organisme Poumons
↑ ↓
Aorte ← Ventricule gauche ← Oreillette gauche ← Veines pulmonaires

b) Petite circulation : c'est le circuit du cœur droit au cœur gauche à travers les poumons.
Grande circulation : c'est le circuit du cœur gauche au cœur droit à travers tout l'organisme.

3. **a)** L'identification complète et lisible du receveur (nom, prénom, date de naissance ou âge, sexe).
   • Le nom et la signature du médecin prescripteur.
   • Le service demandeur.
   • La date de la prescription.
   • Le type, le nombre et les qualifications des produits.
   • La date et l'heure prévue de la transfusion.

   b) Deux résultats de groupe ABO-Rh standard prélevés à des moments différents, par deux personnes différentes.

4.

Prothrombine
Thromboplasmine → ↓
Thrombine
↓
Fibrinogène → **Fibrine** (protéine)

5. **a)** Le service de soins infirmiers : il est constitué des cadres infirmiers supérieurs, des cadres infirmiers, des infirmier(e)s spécialisé(e)s, des infirmier(e)s DE et de secteur psychiatrique, des aides-soignants, des auxiliaires de puériculture, des élèves en stage. Il est dirigé par un directeur (infirmier(e) général(e) de première classe).

   b) Elle est consultée sur :
   • l'organisation générale des soins infirmiers et de l'accompagnement des malades dans le cadre d'un projet de soins infirmiers ;
   • la recherche dans le domaine des soins infirmiers et l'évaluation de ces soins ;
   • l'élaboration d'une politique de formation ;
   • le projet d'établissement.

6. 350 mL SG 10 % + KCL 7,5 % 1,5 g/L NaCl 20 % 3,5 g/L
Ca 10 % 1 g/L

$$\text{NaCl} : \frac{\frac{3,5 \times 350}{1\ 000} \times 100}{20} = 6,125 \text{ mL}$$

$$\text{KCl} : \frac{\frac{1,5 \times 350}{1\ 000} \times 100}{7,5} = 7 \text{ mL}$$

$$\text{Ca} : \frac{\frac{1 \times 350}{1\ 000} \times 100}{10} = 3,5 \text{ mL}$$

7. Prévalence : prend en compte le nombre de personnes atteintes à un moment donné, elle dépend de l'incidence et de la durée moyenne de la maladie.

Incidence : prend en compte le nombre de personnes nouvellement atteintes, elle mesure la vitesse de propagation d'une maladie.

8. **a)** Liposolubilité du médicament

pH du milieu

Vascularisation du tissu où a lieu l'absorption.

b) Décret du 15 mars 1993 relatif aux actes professionnels et à l'exercice de la profession d'infirmier(e).

9. C'est une éruption prurigineuse qui débute à la racine des cheveux et au tronc, s'étend sans ordre.

Son aspect : macule, papule, vésicule (liquide clair puis trouble), croûte.

L'exanthème évolue par poussées espacées de 1 à 3 jours (existence de lésions d'âge différent).

10. • Émulsion des graisses.

• Élimination : des déchets d'hémoglobine, des substances étrangères ou des médicaments transformés par le foie.

• Augmentation du péristaltisme intestinal.

• Absorption des vitamines liposolubles.

SUJET 6 Lille – Faculté catholique

QCM

1. L'appendice xiphoïde est situé au niveau :

A. des fosses nasales ☐
B. du sphénoïde ☐
C. de l'ethmoïde ☐
D. de la clavicule ☐
E. du sternum ☐

2. Quelle glande endocrine est stimulée par l'ACTH ?

A. la thyroïde ☐
B. la surrénale ☐
C. l'ovaire ☐
D. le testicule ☐
E. le pancréas ☐

3. Dans les constituants suivants, quel élément intervient dans la pression oncotique ?

A. le glucose ☐
B. les lipides ☐
C. les protéines ☐
D. les sels minéraux ☐
E. aucun des éléments ci-dessus ☐

4. Parmi les électrolytes suivants, lequel est essentiellement intracellulaire ?

A. le potassium ☐
B. le chlore ☐
C. le sodium ☐
D. le magnésium ☐
E. le calcium ☐

5. Parmi ces vaisseaux, quels sont ceux qui partent ou arrivent au cœur ?

A. l'aorte ☐
B. l'artère pulmonaire ☐
C. la carotide ☐
D. les veines pulmonaires ☐
E. la veine porte ☐

6. Les signes de début d'une phlébite des membres inférieurs sont :

A. une douleur provoquée à la palpation ☐
B. une augmentation du pouls ☐
C. une élévation brutale de la température ☐
D. une douleur à la dorsi-flexion du pied ☐
E. une cyanose ☐

7. L'inflammation locale se caractérise par :

A. la douleur ☐
B. la rougeur ☐
C. la chaleur ☐
D. la suppuration ☐
E. l'œdème ☐

8. Un mouvement en abduction est un mouvement qui :

A. rapproche un membre du plan médian du corps ☐
B. fait exécuter au membre une rotation de dehors en dedans ☐
C. fait exécuter au membre une rotation de dedans en dehors ☐
D. écarte un membre de l'axe médian ☐
E. aucune de ces propositions n'est vraie ☐

9. Quel pourcentage d'O_2 contient l'air ambiant ?

A. 18 % ☐
B. 21 % ☐
C. 24 % ☐
D. 27 % ☐
E. 30 % ☐

10. Le pH artériel est normalement de :

A. 6,40 ☐
B. 7 ☐
C. 7,20 ☐
D. 7,40 ☐
E. 8 ☐

11. Le placenta assure ces fonctions sauf une, laquelle ?

A. nutrition ☐
B. respiration ☐
C. élimination ☐
D. protection ☐
E. nidation ☐

12. Dans le cycle menstruel, la phase lutéale se situe :

A. du 1er au 7e jour ☐
B. du 1er au 14e jour ☐
C. du 14e au 21e jour ☐
D. du 21e au 28e jour ☐
E. du 14e au 28e jour ☐

13. Parmi des éléments cliniques, quels sont ceux qui permettent de poser le diagnostic de toxémie gravidique ?

A. hypertension artérielle ☐
B. albuminurie ☐
C. prise de poids ☐
D. glycosurie ☐
E. œdèmes des membres inférieurs ☐

14. La principale manifestation clinique du *placenta prævia* est :

A. des douleurs permanentes ☐
B. un état de choc ☐
C. des métrorragies répétées ☐
D. une hypertension ☐
E. des œdèmes ☐

15. Quelles sont les actions de la progestérone sur l'appareil génital féminin ?

A. diminution des contractions utérines ☐
B. transformation de la muqueuse utérine ☐
C. augmentation de la température corporelle ☐
D. préparation de l'utérus à la nidation ☐
E. hypertrophie de la glande mammaire ☐

16. L'agent responsable de la coqueluche est :

A. un virus ☐
B. un paramyxovirus ☐
C. un streptocoque ☐
D. le bacille de Bordet-Gengou ☐
E. le bacille de Klebs Löffler ☐

17. Quelles maladies infectieuses sont dues à des virus ?

A. la scarlatine ☐
B. la coqueluche ☐
C. la rougeole ☐
D. la varicelle ☐
E. la poliomyélite ☐

18. Le rhumatisme articulaire aigu survient après une infection due au :

A. staphylocoque aureus ☐
B. streptocoque B ☐
C. streptocoque hémolytique du groupe A ☐

D. pneumocoque ☐
E. gonocoque ☐

19. Les signes caractéristiques de la rougeole sont :

A. le signe de Koplik ☐
B. une parotidite ☐
C. des vésicules ☐
D. un catarrhe oculo-nasal ☐
E. un prurit intense ☐

20. Le régime d'un patient traité par corticoïdes a les caractéristiques suivantes sauf une, laquelle ?

A. pauvre en glucides ☐
B. pauvre en sodium ☐
C. pauvre en potassium ☐
D. riche en calcium ☐
E. riche en protides ☐

21. Pour la surveillance d'un malade sous antivitamine K, le médecin prescrit plus spécifiquement :

A. une numération plaquettaire ☐
B. un test de coagulation globale ☐
C. un temps de céphaline activée (TCA ou TCK) ☐
D. une héparinémie ☐
E. un temps de Quick (INR) ☐

22. Un test de compatibilité directe est nécessaire avant la transfusion de :

A. concentré leucocytaire ☐
B. concentré érythrocytaire ☐
C. concentré plaquettaire ☐
D. plasma frais ☐
E. aucune des propositions précédentes ☐

23. Sachant qu'un produit X se présente en ampoule de 4 mL contenant 0,24 g de principe actif, 180 mg de ce produit correspondent à :

A. 1/4 d'ampoule ☐
B. 1/2 d'ampoule ☐
C. 3/4 d'ampoule ☐
D. 1 ampoule ☐
E. 2 ampoules ☐

24. Un produit se présente en ampoules de 20 mL. Sachant qu'il y a 5 g de produit actif dans 100 mL, combien une ampoule contient-elle de produit actif ?

A. 0,1 mg ☐
B. 1 mg ☐
C. 10 mg ☐
D. 100 mg ☐
E. 1 000 mg ☐

25. Le chlorure de sodium isotonique a une concentration de :

A. 5 % ☐
B. 8,5 % ☐
C. 9 % ☐
D. 9 ‰ ☐
E. 14 ‰ ☐

26. Combien de NaCl est apporté par 350 mL de sérum salé isotonique ?

A. 0,0315 g .... ☐
B. 0,315 g .... ☐
C. 3,15 g .... ☐
D. 31,5 g .... ☐
E. 315 g .... ☐

27. La valeur calorique d'un gramme de glucides est égale à :

A. 3 calories .... ☐
B. 4 calories .... ☐
C. 5 calories .... ☐
D. 6 calories .... ☐
E. 9 calories .... ☐

28. Normalement, la ration alimentaire journalière d'un adulte doit contenir environ :

A. 15 % de protides .... ☐
B. 20 % de protides .... ☐
C. 25 % de protides .... ☐
D. 30 % de protides .... ☐
E. 40 % de protides .... ☐

29. Lequel de ces sucres est un monosaccharide ?

A. amidon .... ☐
B. maltose .... ☐
C. saccharose .... ☐
D. lactose .... ☐
E. glucose .... ☐

30. Pour respecter l'équilibre alimentaire au cours de la journée, le petit-déjeuner doit représenter dans la ration totale :

A. 10 % .... ☐
B. 15 % .... ☐
C. 20 % .... ☐
D. 25 % .... ☐
E. 40 % .... ☐

31. Les règles professionnelles de l'IDE ont été introduites dans le Code de la santé publique par le décret du :

A. 12 mai 1981 .... ☐
B. 17 juillet 1984 .... ☐
C. 13 septembre 1988 .... ☐
D. 15 mars 1993 .... ☐
E. 29 juillet 2004 .... ☐

32. Parmi la liste des soins infirmiers suivants, lequel peut être accompli dans le cadre du rôle propre ?

A. ablation de cathéters centraux .... ☐
B. scarifications et injections destinées aux vaccinations .... ☐
C. administration en aérosol de produits médicamenteux .... ☐
D. ventilation manuelle instrumentale par masque .... ☐
E. prélèvements de sang veineux ou capillaire .... ☐

33. Parmi ces différents actes, lesquels relèvent du rôle propre de l'infirmier(e) ?

A. le prélèvement sanguin intraveineux .... ☐
B. la surveillance d'un aérosol non médicamenteux .... ☐
C. le changement de sonde urinaire .... ☐
D. la surveillance d'une perfusion .... ☐
E. les soins préventifs d'escarres .... ☐

34. Dans quelles situations le secret médical peut-il être levé ?

A. déclaration de naissance ☐
B. sévices à enfants ☐
C. sérologie HIV positive ☐
D. déclaration d'un accident du travail ☐
E. examen médical prénuptial ☐

35. Parmi les fautes citées, quelles sont celles où la responsabilité pénale de l'infirmier(e) est engagée ?

A. le trafic de stupéfiants ☐
B. l'euthanasie active ☐
C. le défaut de surveillance d'un travail délégué ☐
D. la violation du secret professionnel ☐
E. la non-assistance à personne en danger ☐

36. Les conditions de la prise en charge par la Sécurité sociale des frais d'amniocentèse pour recherche d'aberrations chromosomiques sont :

A. l'âge de la mère, plus de 38 ans au moment de la ponction ☐
B. la naissance antérieure d'un enfant présentant une anomalie chromosomique ☐
C. une grande multiparité ☐
D. une malformation du tube rénal dans l'histoire familiale ☐
E. l'incompatibilité rhésus ☐

37. L'étude statistique des populations humaines s'appelle :

A. l'épidémiologie ☐
B. la démographie ☐
C. l'anthropologie ☐
D. la sociologie ☐
E. aucune des appellations ci-dessus ☐

38. La prévention tertiaire permet de :

A. dépister les handicaps ☐
B. prévenir les maladies ☐
C. prévenir les complications dues à une maladie ☐
D. éviter la chronicité ☐
E. contribuer à la réinsertion professionnelle ☐

39. La carte sanitaire de la France a été créée par la loi du :

A. 31 décembre 1970 ☐
B. 2 mars 1982 ☐
C. 7 janvier 1983 ☐
D. 22 juillet 1983 ☐
E. 31 juillet 1991 ☐

40. L'observatoire régional de la santé est un organisme permettant de :

A. soigner ☐
B. lutter contre le cancer ☐
C. contrôler les établissements de soins ☐
D. améliorer la connaissance des besoins de santé de la population ☐
E. organiser les examens et concours ouvrant aux carrières médicales et sociales ☐

QROC

1. a) Expliquez les modalités de la transmission autosomique.

b) Quel est le nombre de chromosomes chez l'être humain ?

2. Indiquez les objectifs des trois échographies fœtales actuellement préconisées pour la surveillance d'une grossesse évoluant sans problème.

- 1re échographie entre 8 et 12 semaines d'aménorrhée.
- 2e échographie entre 22-26 semaines d'aménorrhée.
- 3e échographie entre 34-36 semaines d'aménorrhée.

3. Citez les éléments de surveillance immédiate des suites de couches.

4. a) Nommez les signes du syndrome vasculo-rénal.

b) Nommez les complications possibles pour la mère et pour le fœtus.

5. a) Quel est l'intérêt du suivi sérologique d'une femme enceinte non immunisée contre la rubéole durant la grossesse ?

b) Quel(s) conseil(s) lui donnerez-vous ?

6. a) Quelle est l'étiologie de la varicelle ?

b) Décrivez la phase éruptive.

7. Infirmier(e) en colonie de vacances, vous prenez en charge un enfant diabétique insulino-dépendant. Pour chacune des situations suivantes indiquez :

- le type d'incident ;
- la conduite à tenir.

a) Après une course à pied, l'enfant présente un malaise général avec pâleur et sueur.

b) À l'analyse d'urine à la bandelette, on retrouve une cétonurie avec glycosurie.

8. Pour chacun de ces antituberculeux, citez le risque toxique majeur.

a) *Isoniazide.*

b) *Rifampicine.*

c) *Éthambutol.*

9. En 1989, une nouvelle classification médicamenteuse a été établie. Quelle est-elle ?

10. Que devez-vous faire en cas de mise en œuvre d'un protocole écrit de soins d'urgence en l'absence du médecin ?

CORRIGÉ

QCM

1 : E	**11 :** E	**21 :** E	**31 :** E
2 : B	**12 :** E	**22 :** B	**32 :** D
3 : C	**13 :** A, B, C, E	**23 :** C	**33 :** B, C, D, E
4 : A	**14 :** C	**24 :** E	**34 :** A, B, D
5 : A, B, D	**15 :** A, B, C, D	**25 :** D	**35 :** A, B, C, D, E
6 : A, B, D	**16 :** D	**26 :** C	**36 :** A, B
7 : A, B, C, E	**17 :** C, D, E	**27 :** B	**37 :** B
8 : D	**18 :** C	**28 :** A	**38 :** C, D, E
9 : B	**19 :** A, D	**29 :** E	**39 :** A
10 : D	**20 :** C	**30 :** D	**40 :** D

QROC

1. **a)** Mode dominant : le gène s'exprime même s'il est présent sur un seul des deux chromosomes de la paire (état hétérozygote).

b) Mode récessif : le gène s'exprime s'il est présent sur les deux chromosomes de la paire (état homozygote).

c) 46 chromosomes ou 23 paires.

2. • 1re échographie :
- datation de la grossesse ;
- nombre de fœtus ;
- grossesse intra- ou extra-utérine.

• 2e échographie :
- morphologie complète (biomètre fœtale) ;
- quantité de liquide amniotique.

• 3e échographie :
- pronostic accouchement ;
- morphologie complète.

3. • Signes généraux :
- pouls ;
- température ;
- tension artérielle.

• Dépistage des hémorragies : globe de sécurité.

4. **a)** HTA > 14/9
• Albuminurie.
• Œdèmes, prise de poids excessive.

b) Complications maternelles :

- éclampsie ;
- hématome rétroplacentaire ;
- décès.

c) Complications fœtales :

- souffrance fœtale chronique ;
- prématurité ;
- RCIU ;
- décès.

5. **a)** Dépister une éventuelle séroconversion et les risques d'embryo-fœtopathies.

b) Lui conseiller de se faire vacciner après l'accouchement ; sous contraception 1 mois avant le vaccin, 3 mois après.

6. **a)** Virus de la varicelle et du zona qui appartient à la famille de l'herpès-virus.

b) 1er jour : macules.

2e jour : vésicules à contenu clair.

3e-4e jour : vésicules se dessèchent, apparition de croûtes brunâtres.

6e-7e jour : croûtes durcissent, noircissent.

Vers 10e jour : croûtes tombent et laissent des tâches dépigmentées qui disparaîtront (sauf grattage).

Localisation : peau et muqueuse (prurit).

Plusieurs poussées.

7. **a)** Hypoglycémie.

Si possible, analyse de la glycémie et administration de sucre par voie orale.

b) Hyperglycémie par manque d'insuline.

Analyse de la glycémie

Injection d'insuline rapide et contrôle de l'efficacité jusqu'à disparition de la cétonurie (référence aux prescriptions médicales du carnet de surveillance).

8. **a)** Toxicité neurologique.

b) Toxicité hépatique.

c) Toxicité visuelle.

9.
- Liste 1 : produits toxiques.
- Liste 2 : produits dangereux.
- Stupéfiants : produits stupéfiants.

10. En situation d'urgence, en l'absence du médecin et jusqu'à son intervention, l'infirmier(e) est habilité(e) à mettre en œuvre des protocoles de soins d'urgence préalablement écrits, datés et signés par le médecin responsable.

Les actes réalisés par l'infirmier(e) doivent être notés dans un compte rendu écrit, daté et signé et remis au médecin (article 8 du décret 93-345 du 15 mars 1993 relatif aux actes professionnels et à l'exercice de la profession d'infirmier).

SUJET 7 Lyon

QCM

Questions à choix simple

1. Quel est l'organe qui assure la coordination des mouvements ?

A. le cerveau ☐
B. le cervelet ☐
C. le bulbe rachidien ☐
D. le tronc cérébral ☐
E. la moelle épinière ☐

2. Où se raccordent les nerfs rachidiens ?

A. au tronc cérébral ☐
B. à la plaque motrice ☐
C. au bulbe rachidien ☐
D. à l'arachnoïde ☐
E. à la moelle épinière ☐

3. Quels sont les os qui constituent la ceinture scapulaire ?

A. la clavicule et l'omoplate ☐
B. le tibia et le péroné ☐
C. l'os iliaque et le sacrum ☐
D. les vertèbres et les côtes ☐
E. le cubitus et le radius ☐

4. Comment appelle-t-on les valvules empêchant le retour du sang vers le cœur ?

A. les valvules mitrales ☐
B. les valvules tricuspides ☐
C. les valvules capillaires ☐
D. les valvules sigmoïdes ☐
E. les valvules diastoliques ☐

5. Quand commence le cycle menstruel ?

A. le dernier jour des règles ☐
B. le jour de l'ovulation ☐
C. le premier jour des règles ☐
D. lors de l'élévation du taux de FSH ☐
E. lors de la chute de LH ☐

6. Quelle substance est sécrétée par le corps jaune dans la deuxième partie du cycle menstruel ?

A. l'aldostérone ☐
B. la lutéine ☐
C. l'œstrogène ☐
D. la progestérone ☐
E. la testostérone ☐

7. À quel âge se ferme la fontanelle antérieure ?

A. avant la fin du deuxième mois ☐
B. à 6 mois ☐
C. avant 1 an ☐
D. avant 18 mois ☐
E. à 3 ans ☐

8. Pour traiter la fièvre du nourrisson, l'infirmier(e) peut, dans le cadre de son rôle propre :

A. déshabiller l'enfant ☐
B. donner des antipyrétiques ☐

C. donner un bain antithermique ☐
D. faire des enveloppements frais et humides ☐
E. donner des antibiotiques ☐

9. Vous devez réaliser une dilution de dopamine pour injecter 6 microgrammes/kg/min à un patient de 70 kg, la dose totale de dopamine en milligrammes (mg), nécessaire pour 24 heures est de :

A. 604,8 mg ☐
B. 206,8 mg ☐
C. 80,46 mg ☐
D. 60,48 mg ☐
E. 806,4 mg ☐

10. Qu'appelle-t-on la prévention tertiaire ?

A. La mise en œuvre d'un dépistage précoce ☐
B. Les campagnes de vaccination ☐
C. Les mesures visant à limiter les séquelles d'une maladie ou d'un accident, en favorisant la convalescence, la rééducation ou la réadaptation professionnelle ☐
D. Les mesures servant à prévenir l'apparition des maladies ou des accidents ☐
E. L'ensemble des mesures médicales et sociales tendant à préserver la santé individuelle et collective ☐

11. Le comité d'hygiène, de sécurité et des conditions de travail est obligatoire :

A. dans toutes les entreprises ☐
B. dans une entreprise de plus de 10 personnes ☐
C. dans une entreprise de plus de 50 personnes ☐
D. seulement dans le secteur public ☐
E. seulement dans le secteur privé ☐

12. Quel est le délai autorisé pour pratiquer une IVG en France ?

A. 12e semaine d'aménorrhée ☐
B. 10e semaine d'aménorrhée ☐
C. 14e semaine d'aménorrhée ☐
D. 16e semaine d'aménorrhée ☐
E. 8e semaine d'aménorrhée ☐

13. Le repos légal pré et post-natal pour un deuxième enfant est de :

A. 12 semaines ☐
B. 14 semaines ☐
C. 15 semaines ☐
D. 16 semaines ☐
E. 17 semaines ☐

14. Que signifie le sigle ASSEDIC ?

A. Allocation de Sécurité sociale pour l'emploi dans l'industrie et le commerce ☐
B. Association d'entraide dans l'industrie et le commerce ☐
C. Association pour l'embauche dans l'intérêt collectif ☐
D. Association pour l'emploi dans l'industrie et le commerce ☐
E. Allocation d'embauche dans l'industrie et le commerce ☐

15. Quelle doit être la composition moyenne d'une ration alimentaire équilibrée ?

A. 15 % de protides, 30 % de lipides, 55 % de glucides ☐
B. 15 % de protides, 25 % de glucides, 60 % de lipides ☐
C. 55 % de protides, 15 % de glucides, 35 % de lipides ☐
D. 20 % de protides, 10 % de lipides, 70 % de glucides ☐
E. 20 % de protides, 70 % de lipides, 10 % de glucides ☐

Questions à choix multiple

16. Comment nomme-t-on les prolongements d'un neurone ?

A. la synapse ☐
B. l'axone ☐
C. la myéline ☐
D. l'arachnoïde ☐
E. les dendrites ☐

17. Les hormones sécrétées par la glande thyroïdienne sont :

A. la thyroxine ☐
B. la thyréostimuline ou TSH ☐
C. la tri-iodothyronine ou T3 ☐
D. la calcitonine ☐
E. l'ocytocine ☐

18. Que produit la contraction musculaire ?

A. de l'acide lactique ☐
B. de l'urée ☐
C. du glucose ☐
D. du gaz carbonique ☐
E. de l'énergie thermique ☐

19. Au cours de la systole ventriculaire, le sang :

A. remplit les ventricules ☐
B. remplit les oreillettes ☐
C. s'écoule par l'aorte ☐
D. s'écoule par les veines pulmonaires ☐
E. s'écoule par l'artère pulmonaire ☐

20. Le plasma contient :

A. des vitamines ☐
B. du fibrinogène ☐
C. des hématies ☐
D. des anticorps ☐
E. les glucides

21. Cochez les réponses vraies pour les affirmations suivantes :

A. l'artère pulmonaire amène le sang non hématosé aux poumons ☐
B. l'épiglotte bouche la trachée artère ☐
C. la luette bouche les fosses nasales ☐
D. deux veines pulmonaires amènent le sang hématosé aux poumons ☐
E. le dioxyde de carbone est transporté par l'hémoglobine ☐

22. Quels sont les rôles du rein ?

A. il filtre l'eau et les sels minéraux ☐
B. il régule la tension artérielle ☐
C. il ne filtre pas l'urée et l'acide urique ☐
D. il ne filtre pas les éléments sanguins ☐
E. il réabsorbe le glucose nécessaire aux cellules ☐

23. La miction :

A. est un phénomène totalement volontaire ☐
B. dépend de la stimulation de mécanorécepteurs présents dans la paroi vésicale ☐
C. dépend d'une stimulation du parasympatique sacré ☐
D. nécessite une contraction musculaire ☐
E. peut être interrompue par contraction volontaire du sphincter strié de l'urètre ☐

24. Cochez les réponses vraies :

A. la cellulose est dégradée par les sucs digestifs ☐
B. l'absorption de l'eau se fait majoritairement dans le gros intestin ☐
C. le canal cholédoque transporte la bile dans le duodénum ☐
D. le côlon sigmoïde est en amont du colon transverse ☐
E. le canal de Wirsung se trouve dans le pancréas ☐

25. Quels sont parmi les éléments suivants ceux qui traversent la paroi intestinale sans transformation :

A. les protides ☐
B. l'eau ☐
C. les vitamines ☐
D. les sels minéraux ☐
E. les lipides ☐

26. Il existe des vaccins pour se protéger contre :

A. les oreillons ☐
B. la tuberculose ☐
C. la scarlatine ☐
D. l'hépatite B ☐
E. la typhoïde ☐

27. L'immunité active est acquise lorsque l'individu a :

A. eu la maladie ☐
B. été vacciné ☐
C. reçu une sérothérapie ☐
D. reçu des gammaglobulines ☐
E. été exposé à un antigène ☐

28. Les maladies à déclaration obligatoire auprès de la DDASS sont :

A. diphtérie ☐
B. coqueluche ☐
C. méningite à méningocoque ☐
D. tuberculose ☐
E. hépatite virale B ☐

29. Quelles sont les étapes de la spermatogenèse ?

A. le stade de la multiplication ☐
B. le stade de l'accroissement ☐
C. le stade de la méiose ☐
D. le stade de la maturation ☐
E. le stade de l'éjaculation ☐

30. Les principaux réflexes primaires du nouveau-né sont :

A. réflexe de Moro ☐
B. réflexe de Babinski ☐
C. réflexe de succion ☐
D. réflexe de préhension ☐
E. réflexe de marche automatique ☐

31. La puberté se caractérise par :

A. l'apparition de la pilosité pubienne ☐
B. l'apparition des premières règles ☐
C. l'augmentation du taux des hormones hypophysaires ☐

D. l'augmentation de la masse lipidique ☐
E. la déminéralisation du squelette ☐

32. Chez le nourrisson, les signes cliniques de la déshydratation sont :

A. persistance du pli cutané ☐
B. œdèmes ☐
C. sécheresse des muqueuses ☐
D. dépression de la fontanelle chez le nourrisson ☐
E. hypotonie des globes oculaires ☐

33. Quelles sont les propriétés de l'acide acétylsalicylique (aspirine) ?

A. action antalgique ☐
B. action anti-inflammatoire ☐
C. action hémostatique ☐
D. action antipyrétique ☐
E. action anti-agrégante plaquettaire ☐

34. Les éléments suivants franchissent la barrière placentaire :

A. alcool ☐
B. immunoglobuline G ☐
C. aspirine ☐
D. virus ☐
E. immunoglobulines M ☐

35. Les examens suivants sont pratiqués lors du suivi d'une grossesse :

A. groupage et recherche d'anticorps irréguliers ☐
B. recherche d'albumine dans les urines ☐
C. proposition du test VIH ☐
D. recherche de la toxoplasmose ☐
E. caryotype ☐

36. La toxémie gravidique se caractérise par :

A. l'hypertension artérielle ☐
B. la dysurie ☐
C. l'albuminurie ☐
D. la glycosurie ☐
E. les œdèmes ☐

37. La Commission du service de soins infirmiers est composée de :

A. les chefs de service de l'hôpital ☐
B. le directeur de soins infirmiers et le collège des cadres infirmiers ☐
C. le collège des infirmier(e)s et infirmier(e)s spécialisé(e)s ☐
D. le collège des aide-soignant(e)s ☐
E. le collège des agents de service ☐

38. Ces soins peuvent être, sous votre responsabilité, fait par un(e) aide soignant(e) ou une auxiliaire de puériculture :

A. soins de sonde urinaire ☐
B. aérosol médicamenteux ☐
C. toilette périnéale non stérile ☐
D. lavement évacuateur ☐
E. examen d'urine par bandelette réactive ☐

39. Dans le cadre de son rôle propre, l'infirmier(e) accomplit les actes suivants :

A. pose d'une sonde gastrique .... ☐
B. mise en place d'un cathéter court .... ☐
C. soins d'hygiène et de propreté .... ☐
D. prévention et soins d'escarres .... ☐
E. irrigation de l'œil et instillation de collyres non médicamenteux .... ☐

40. Les protéines végétales entrent dans la composition de :

A. les pâtes .... ☐
B. le lait .... ☐
C. le soja .... ☐
D. l'œuf .... ☐
E. les lentilles .... ☐

QROC

1. Vous êtes infirmier(e) en chirurgie, vous surveillez un malade qui reçoit un concentré érythrocytaire. Celui-ci se plaint de nausées, de douleurs abdominales et lombaires.

Que vous évoque ce tableau, quelles procédures immédiates mettez-vous en œuvre avant l'arrivée du médecin ?

2. Donnez les définitions des termes suivants :

- produit désinfectant ;
- produit décontaminant ;
- produit antiseptique.

3. Quelles sont les exigences obligatoires pour exécuter une prescription médicale :

- hors situation d'urgence ;
- en situation d'urgence.

4. Quels sont les actes dont l'infirmier(e) est responsable ?

5. La législation a prévu des dérogations au secret professionnel dans certaines situations, lesquelles ?

6. Citez deux origines du glucose sanguin.

7. Citez trois fonctions du rein.

8. Quels conseils hygiéno-diététiques donnerez-vous à Mme B qui présente un reflux gastro-œsophagien lié à une hernie hiatale ?

9. Vous devez préparer :

- 2 g de chlorure de sodium (ampoule de 10 mL dosée à 20 %) ;
- 0,25 g de chlorure de potassium (ampoule de 10 mL dosée à 10 %) ;
- 25 mg de persantine (ampoule de 2 mL contenant 10 mg) ;
- 0,30 g de xylocaïne (flacon de 20 mL à 0,5 %).

Indiquez en mL les quantités préparées pour chaque produit, faites apparaître vos calculs.

10. À partir de la prescription médicale suivante :

- enfant de 10 kg ;
- *Doliprane* 60 mg/kg/24 heures, en 4 prises.

Calculez la dose totale par 24 heures.

Quelle dose administrerez-vous à chaque prise ?

CORRIGÉ

QCM

1 : B	**11 :** C	**21 :** A, B, C, E	**31 :** A, B, C
2 : E	**12 :** A	**22 :** A, B, D, E	**32 :** A, C, D, E
3 : A	**13 :** D	**23 :** B, C, D, E	**33 :** A, B, D, E
4 : D	**14 :** D	**24 :** C, E	**34 :** A, B, C, D
5 : C	**15 :** A	**25 :** B, C, D	**35 :** A, B, C, D
6 : D	**16 :** B, E	**26 :** A, B, D, E	**36 :** A, C, E
7 : D	**17 :** A, C, D	**27 :** A, B, E	**37 :** B, C, D
8 : A	**18 :** A, D, E	**28 :** A, C, D	**38 :** C, E
9 : A	**19 :** C, E	**29 :** A, B, C, D	**39 :** C, D, E
10 : C	**20 :** A, B, D, E	**30 :** A, C, D, E	**40 :** C, E

QROC

1. Ces signes traduisent un accident immunologique de type transfusionnel :

- arrêt immédiat de la transfusion, conserver la poche ;
- conserver la voie veineuse par un soluté ;
- appeler le médecin ;
- surveiller le pouls, mesurer la pression artérielle et les noter ;
- conserver les urines, mesurer la diurèse ;
- recontrôler le groupe du malade et celui de la poche ;
- enregistrer l'heure de l'incident sur la feuille de surveillance.

2.
- Produit désinfectant : produit qui permet momentanément d'éliminer ou de tuer des micro-organismes sur des surfaces inertes.
- Produit décontaminant : produit qui permet de stopper la multiplication des micro-organismes.
- Produit antiseptique : produit qui permet momentanément d'éliminer ou de tuer des micro-organismes au niveau des tissus vivants.

3. Les articles R. 4311-7 et R. 4311-9 du Code de la santé publique (annexe du décret du 29 juillet 2004) relatif aux actes professionnels et à l'exercice de la profession d'infirmier(e) précisent que :

- d'une part, l'infirmier(e) est habilité(e) à accomplir :

– soit sur prescription médicale qui, sauf urgence, doit être écrite, qualitative et quantitative, datée et signée, les actes infirmiers suivants...

– soit en application d'un protocole écrit, qualitatif et quantitatif préalablement établi, daté et signé par un médecin ;

- d'autre part, l'infirmier(e) est habilité(e) à accomplir sur prescription médicale écrite, qualitative et quantitative, datée et signée, les actes ou soins infirmiers suivants... à condition qu'un médecin puisse intervenir à tout moment.

4. • Ceux qu'il(elle) accomplit lui-même(elle-même) dans le cadre de son rôle propre ou sur prescription.

- Ceux qu'il(elle) confie à ses collaborateurs (AS, AP, AMP).

5. • Avortement pratiqué dans des conditions autres que prévues par la loi.

- Sévices ou privations sur mineurs ou sur une personne qui n'est pas en mesure de se protéger en raison de son âge ou de son état physique ou psychique.
- Violences sexuelles de toute nature.

6. • Origine alimentaire (voie exogène) par apport de glucides alimentaires.

- Origine hépatique (voie endogène) par dégradation du glycogène hépatique et dans une moindre mesure des acides aminés.

7. • Élimination des déchets (urée, créatinine...).

- Maintien de l'équilibre du milieu intérieur (équilibre hydro-électrolytique et acido-basique par exemple).
- Régulation de la tension artérielle (rénine).
- Sécrétion d'érythropoïétine.

8. • Diététique :

– éviter des repas trop abondants ;
– éviter les boissons gazeuses ;
– éviter certains aliments acides épicés, trop gras... ;
– éviter tabac, café, alcool, thé ;
– si obésité, conseiller de faire perdre du poids.

- Hygiène générale :

– éviter de s'allonger après le repas ;
– dormir avec le tronc surélevé en décubitus dorsal ;
– ne pas comprimer l'estomac par ceinture, gaine ;
– éviter la constipation (météorisme abdominal favorisant le reflux).

9. • 10 mL de NaCl (20 %).

- 2,5 mL de KCl (10 %).
- 5 mL de persantine.
- 60 mL de xylocaïne à 0,5 %.

10. $60 \times 10 = 600$ mg pour 24 heures

$600/4 = 150$ mg à chaque prise.

SUJET 8 Metz-Nancy

QCM

1. Parmi ces propositions, vous retenez comme exact :

A. les centres thermorégulateurs sont situés au niveau de l'hypophyse ......☐
B. le tonus musculaire de repos et l'activité musculaire sont des sources de chaleur ......☐
C. la vasoconstriction permet de lutter contre la chaleur ......☐
D. il existe des récepteurs thermosensibles cutanés ......☐
E. toutes les réponses sont exactes ......☐

2. Vous devez perfuser 500 mL de soluté isotonique de chlorure de sodium en 6 heures. Le débit de la perfusion sera :

A. 5 gouttes par minute ......☐
B. 10 gouttes par minute ......☐
C. 18 gouttes par minute ......☐
D. 28 gouttes par minute ......☐
E. 30 gouttes par minute ......☐

3. La ration alimentaire journalière d'un adulte doit contenir :

A. 15 % de protides ......☐
B. 20 % de protides ......☐
C. 25 % de protides ......☐
D. 30 % de protides ......☐
E. 40 % de protide ......☐

4. Concernant les chromosomes, vous retenez comme exact :

A. lors de la division cellulaire, l'ADN devient la chromatine ......☐
B. lors de la phase de repos cellulaire, l'ADN se transforme en chromosomes ......☐
C. chaque chromosome est constitué de chromatides et d'un centromère ...☐
D. le nombre de chromosomes dans l'espèce humaine est de 43 chromosomes ......☐
E. la chromatine se trouve dans le noyau ......☐

5. Parmi les propositions suivantes, vous retenez comme exact :

A. la membrane cytoplasmique est de constitution glycolipidique ......☐
B. la membrane cytoplasmique est capable de reconnaître une hormone donnée ......☐
C. le nucléole est formé d'ADN et contient la majeure partie de l'information génétique ......☐
D. les lysosomes contiennent des enzymes qui détruisent les organites cellulaires qui ne sont plus fonctionnel ......☐
E. les ribosomes synthétisent les molécules de protéine ......☐

6. Concernant la mitose, vous retenez comme exact :

A. la prophase est le temps de la migration des centrioles vers les pôles de la cellule ......☐
B. l'anaphase est la formation d'un fuseau entre les deux pôles de la cellule ......☐

C. la métaphase est la division longitudinale des chromosomes en deux moitiés identiques .... ☐
D. la télophase est la formation de deux noyaux fils, la division du cytoplasme et la formation des cellules filles .... ☐
E. l'interphase est la période comprise entre la prophase et l'anaphase .... ☐

7. Concernant les hormones d'origine surrénalienne, vous retenez comme exact :

A. les catécholamines sont secrétées par la médullosurrénale .... ☐
B. elles sont hypoglycémiantes .... ☐
C. elles provoquent la dilatation des bronches .... ☐
D. elles provoquent le ralentissement du péristaltisme intestinal .... ☐
E. elles mobilisent les graisses de réserve .... ☐

8. Concernant les hormones thyroïdiennes, vous retenez comme exact :

A. elles agissent sur le cartilage de conjugaison .... ☐
B. elles agissent sur le développement génital .... ☐
C. elles agissent sur le métabolisme du calcium .... ☐
D. elles agissent sur l'équilibre acido-basique .... ☐
E. elles agissent sur le métabolisme du phosphore .... ☐

9. Concernant les os, vous retenez comme exact :

A. le squelette comprend environ 205 os .... ☐
B. l'épiphyse est constituée d'os compact .... ☐
C. la sclérotique entoure la totalité de l'os .... ☐
D. la croissance d'un os long se fait par l'intermédiaire du cartilage de conjugaison .... ☐
E. le tissu osseux est composé exclusivement de sels minéraux .... ☐

10. Parmi les propositions suivantes, vous retenez comme exact :

A. biceps et long supinateur externe de l'avant-bras sont des muscles synergiques .... ☐
B. biceps et long supinateur externe de l'avant-bras sont des muscles fléchisseurs .... ☐
C. biceps et triceps sont des muscles agonistes .... ☐
D. biceps et triceps sont des muscles extenseurs de l'avant-bras .... ☐
E. le quadriceps est un muscle extenseur de la jambe sur la cuisse .... ☐

11. Dans le mouvement articulaire, vous retenez comme exact :

A. la supination est une rotation vers l'intérieur .... ☐
B. l'abduction éloigne un segment de membre de l'axe du corps .... ☐
C. la rotation autour d'un point fixe s'appelle la circumduction .... ☐
D. la luxation est une rotation externe .... ☐
E. toutes les réponses sont exactes .... ☐

12. Parmi ces propositions, les organes qui composent le système lymphoïde sont :

A. le thymus .... ☐ D. la moelle osseuse .... ☐

B. la citerne de Pecquet .... ☐
C. les plaques de Peyer.............. ☐
E. le foie .... ☐

13. Parmi ces propositions, vous retenez comme exact :

A. les hématies possèdent un noyau polylobé .... ☐
B. les mononucléaires représentent 65 % des leucocytes .... ☐
C. les hématies sont détruites au niveau de la rate.............................. ☐
D. les agglutinogènes sont fixés sur les hématies .... ☐
E. la protéine D est appelée facteur Rhésus .... ☐

14. Parmi ces propositions, vous retenez comme exact :

A. une révolution cardiaque se constitue de 3 temps .... ☐
B. le nœud sinusal se situe dans la paroi du ventricule .... ☐
C. le système nerveux intrinsèque est responsable de l'automatisme cardiaque .... ☐
D. le système parasympathique constitue le système cardio-accélérateur.... ☐
E. le système nerveux végétatif permet d'adapter l'activité cardiaque .... ☐

15. Parmi les propositions suivantes, vous retenez comme exact :

A. le carrefour des voies aérodigestives est le pharynx .... ☐
B. la bronchomotricité regroupe la vasodilatation et la vasoconstriction.... ☐
C. la paroi des voies aériennes contient des fibres musculaires striées....... ☐
D. l'alvéole est le dernier conduit emprunté par l'air .... ☐
E. le feuillet viscéral de la plèvre est accolé au poumon .... ☐

16. Parmi les propositions suivantes, vous retenez comme exact :

A. la trachée se situe en arrière du corps thyroïde .... ☐
B. l'œsophage se situe en avant de la trachée....................................... ☐
C. la veine jugulaire interne se situe latéralement à la trachée................. ☐
D. la trachée se situe en avant de la crosse aortique............................... ☐
E. l'artère pulmonaire gauche se situe latéralement à la trachée .... ☐

17. L'hormone antidiurétique ou ADH (antidiurétique hormone) :

A. est une hormone thyroïdienne.. ☐
B. est une hormone hypophysaire .... ☐
C. provoque la sécrétion d'aldostérone.. ☐
D. commande la réabsorption de l'eau.. ☐
E. commande la réabsorption du sodium .... ☐

18. Parmi les propositions suivantes, vous retenez comme exact :

A. le volume du sang circulant dans les reins est de 1 litre/minute .... ☐
B. le rein comprend une série de 5 calices.. ☐
C. les pyramides de Malpighi font partie de la 3e médullaire .... ☐
D. le pôle supérieur du rein répond approximativement à la 4e vertèbre lombaire.. ☐
E. Le rein gauche répond par son hile à la veine cave inférieure .... ☐

19. Concernant l'appareil urinaire, vous retenez comme exact :

A. le tube contourné proximal fait suite à l'anse de Henlé .... ☐

B. la perméabilité du tube collecteur est régulée par l'hormone antidiurétique ☐
C. le trigone est la zone triangulaire délimitée par l'abouchement des 2 uretères et le col vésical ☐
D. les uretères pénètrent dans la vessie à travers sa paroi antérieure ☐
E. le pH normal des urines est d'environ 6 ☐

20. Concernant l'innervation du tube digestif, vous retenez comme exact :
A. la sécrétion est augmentée par l'activité sympathique ☐
B. la motilité est augmentée par l'activité parasympathique ☐
C. le nerf parasympathique le plus important est le pneumogastrique ☐
D. le nerf pneumogastrique innerve les glandes salivaires ☐
E. le tube digestif possède des plexus nerveux autonomes ☐

21. Concernant l'intestin grêle, vous retenez comme exact :
A. l'iléon est la plus longue partie de l'intestin grêle ☐
B. le jéjunum est situé après l'iléon ☐
C. les plaques de Peyer se situent dans l'iléon ☐
D. il faut environ 3 heures au chyme pour traverser l'intestin grêle ☐
E. les canaux biliaires et pancréatiques se vident au niveau du duodénum sous le contrôle du sphincter pylorique ☐

22. Concernant le gros intestin, vous retenez comme exact :
A. les résidus parvenant dans le gros intestin y demeurent 12 à 24 heures ☐
B. l'absorption est la fonction principale de cet organe ☐
C. le gros intestin absorbe les vitamines synthétisées par la flore bactérienne ☐
D. le réflexe de défécation est un réflexe du système nerveux sympathique ☐
E. une alimentation riche en glucides favorise la libération de gaz ☐

23. Concernant les immunoglobulines, vous retenez comme exact :
A. ce sont des protéases secrétées par les IgA ☐
B. ce sont des protéines secrétées par les lymphocytes B ☐
C. elles font partie de la classe des gammaglobulines ☐
D. elles ont une activité anticorps spécifique ☐
E. elles ont un effet neutralisant sur des toxines bactériennes ☐

24. Dans la prévention des infections nosocomiales, et concernant les précautions « standards », vous retenez comme exact :
A. elles s'appliquent à tout patient quel que soit son statut sérologique ☐
B. elles sont destinées à prévenir la transmission transcutanéo-muqueuse ☐
C. elles rendent obligatoire le port de gants pour tout contact avec le sang ou autre fluide ☐
D. le port d'une surblouse ou d'un tablier est systématique ☐
E. toutes les propositions sont exactes ☐

25. Parmi ces propositions, vous retenez comme exact :
A. les lymphocytes B sont responsables de l'immunité humorale ☐

B. les polynucléaires migrent à travers la paroi vasculaire vers le lieu de l'infection ☐
C. les lymphocytes T se différencient et deviennent immunocompétents dans la moelle osseuse ☐
D. les macrophages proviennent de la lignée lymphocytaire ☐
E. la lignée granuleuse donne naissance aux polynucléaires ☐

26. Les différents stades de la gamétogenèse sont :

A. la phase de multiplication ☐
B. la phase folliculaire ☐
C. la phase d'accroissement ☐
D. la phase de maturation ☐
E. la phase de relaxation ☐

27. Concernant la fécondation, vous retenez comme exact :

A. un spermatozoïde comprend 23 chromosomes ☐
B. l'ovocyte dit de premier ordre comporte 46 chromosomes ☐
C. en l'absence de fécondation, le corps jaune s'hypertrophie et poursuit ses sécrétions de progestérone et d'œstrogènes ☐
D. à partir de son expulsion, l'ovule est fécondable pendant environ 24 heures ☐
E. les spermatozoïdes déposés dans les culs de sac vaginaux ont un pouvoir fécondant pendant environ 12 heures ☐

28. Parmi ces maladies, celles à déclaration obligatoire sont :

A. la diphtérie ☐
B. la rougeole ☐
C. l'hépatite B ☐
D. la rubéole ☐
E. le tétanos ☐

29. Concernant les hépatites, vous retenez comme exact :

A. l'hépatite A a une transmission respiratoire ☐
B. l'hépatite C peut se transmettre par du matériel contaminé ☐
C. l'hépatite B peut se transmettre par voie sexuelle ☐
D. le vaccin contre l'hépatite C est recommandé pour les professionnels de santé ☐
E. le vaccin contre l'hépatite B est obligatoire pour la population générale ☐

30. Concernant ces propositions, vous retenez comme exact :

A. le *fentanyl* est un analgésique morphinique ☐
B. l'*hydrocortisone* est un anti-inflammatoire stéroïdien ☐
C. l'*ibuprofène* est un anti-inflammatoire non stéroïdien ☐
D. la *digoxine* est un antiarythmique ☐
E. le glucagon est un hypoglycémiant ☐

31. Concernant la morphine, vous retenez comme exact :

A. elle déprime les centres respiratoires bulbaires ☐
B. elle agit sur la douleur ☐
C. elle agit sur le transit intestinal ☐
D. elle agit sur le système rénal ☐
E. elle agit sur le système nerveux central ☐

32. Concernant les effets indésirables des antidépresseurs, vous retenez comme exact :

A. déclenchement possible de crises d'épilepsie .... ☐
B. hypersalivation .... ☐
C. diarrhée .... ☐
D. troubles de l'accommodation .... ☐
E. prise de poids .... ☐

33. Concernant l'accouchement, vous retenez comme exact :

A. la présentation du siège est une présentation dystocique .... ☐
B. on parle de présentation du siège complet lorsque les jambes sont fléchies .... ☐
C. le diamètre mento-bregmatique est évalué lors de la présentation de la face .... ☐
D. chez la primipare, la dilatation peut commencer alors que le col n'est pas encore effacé .... ☐
E. la traversée de la filière génitale se fait en 3 phases : l'engagement correspond au franchissement du détroit inférieur .... ☐

34. Dans le cadre de l'accouchement, vous retenez comme exact :

A. la présentation de la face est incompatible avec un accouchement par voie basse .... ☐
B. la face maternelle du placenta contient une membrane appelée amnios. ☐
C. le saignement physiologique est d'environ 300 mL .... ☐
D. l'épisiotomie consiste à pratiquer une incision du périnée en partant de la commissure antérieure de la vulve .... ☐
E. le placenta se décolle entre 10 et 30 minutes après l'expulsion .... ☐

35. En ce qui concerne la pathologie de la femme enceinte, vous retenez comme exact :

A. l'éclampsie se manifeste par des crises convulsives .... ☐
B. dans le cas d'un diabète gestationnel, les hypoglycémiants oraux peuvent être utilisés .... ☐
C. la grossesse ectopique est l'implantation du blastocyte dans l'endomètre .... ☐
D. l'iso-immunisation Rh maternelle est responsable de l'érythroblastose fœtale.. ☐
E. l'hydramnios est uniquement une manifestation aiguë .... ☐

36. Parmi ces propositions d'actes dispensés en priorité par un(e) infirmier(e) titulaire du diplôme d'État de puéricultrice ou par l'infirmier(e) en cours de formation, vous retenez comme exact :

A. suivi de l'enfant dans son développement et son milieu de vie .... ☐
B. surveillance du régime alimentaire du nourrisson .... ☐
C. soins du nouveau-né en réanimation .... ☐

D. soins aux nouveaux-nés et accompagnement des parents dans la période péri et néonatale ☐
E. prévention et dépistage précoce des inadaptations et des handicaps ☐

37. Concernant les actes infirmiers dans le cadre du rôle propre, vous retenez comme exact :

A. activités à visée sociothérapeutique individuelle ou de groupe ☐
B. lavage de sinus par l'intermédiaire de cathéters fixés par le médecin ☐
C. irrigation de l'œil et instillation de collyres ☐
D. changement de sondes vésicales ☐
E. recueil aseptique des urines ☐

38. Les instances consultatives qui concourent au fonctionnement d'un établissement public de santé sont :

A. le comité de lutte contre les infections nosocomiales ☐
B. les commissions administratives paritaires ☐
C. la commission des soins infirmiers, de rééducation et médicotechniques ☐
D. le conseil d'administration ☐
E. toutes ces instances ☐

39. La carte sanitaire :

A. peut être révisée à tout moment ☐
B. est révisée au moins tous les 5 ans ☐
C. est arrêtée par le représentant de l'État ☐
D. est révisée au moins tous les ans ☐
E. est arrêtée par le Président du Conseil régional ☐

40. Concernant les composants des viandes et des abats, vous retenez comme exact :

A. les viandes renferment en moyenne 20 % de protéines ☐
B. les abats font partie des viandes grasses ☐
C. les abats sont pauvres en fer ☐
D. les viandes sont riches en vitamines du groupe A ☐
E. les lipides des viandes contiennent des acides gras saturés et mono-insaturés ☐

QROC

1. Donnez la définition du génotype.

2. Donnez le nom des cellules de l'organisme qui ne se reproduisent pas.

3. Donnez les deux rôles de la moelle épinière.

4. Citez les 3 facteurs métaboliques influençant la formation, la croissance et la maturation de l'os.

5. Définissez le terme adduction.

6. Quel est le rôle du surfactant ?

7. Citez 3 familles d'anticoagulants.

8. Infirmier(e) en pédiatrie, vous recevez Pierre, 2 ans, hospitalisé pour méningite à *Hæmophilus Influenzæ B*. La prescription comporte des antibiotiques et une perfusion de 500 mL de glucosé à 5 %/24 heures avec :

- 0,6 g de chlorure de sodium (NaCl)
- 0,5 g de gluconate de calcium (Ca)
- 1 g de chlorure de potassium (KCl)

Vous avez à votre disposition des ampoules de 20 mL à 20 % NaCl, des ampoules de 10 mL à 10 % KCl et des ampoules de 10 mL à 10 % Ca.

Quelles quantités de sodium, potassium et calcium en mL mettrez-vous dans la perfusion ?

Faites figurer vos calculs.

9. Citez 3 infractions liées à la profession d'infirmier(e).

10. Quelle est la signification du sigle SROS et quel est son objectif ?

CORRIGÉ

QCM

1 : D	**11 :** B, C	**21 :** A, C	**31 :** A, B, C, E
2 : D	**12 :** A, C, D	**22 :** A, C, E	**32 :** A, D, E
3 : A	**13 :** C, D, E	**23 :** B, C, E	**33 :** B, C
4 : C, E	**14 :** A, C, D	**24 :** A, B, C	**34 :** C, E
5 : B, D, E	**15 :** A, D, E	**25 :** A, B, E	**35 :** A, D
6 : A	**16 :** A, C	**26 :** A, C, D	**36 :** A, B, C, E
7 : A, C, D, E	**17 :** B, D	**27 :** B, D	**37 :** A, C, D
8 : A, B, C, E	**18 :** A, C	**28 :** A, C, E	**38 :** A, B, C
9 : A, D	**19 :** B, E	**29 :** B, C	**39 :** A, B, C
10 : A, B, E	**20 :** B, C, E	**30 :** A, B, C	**40 :** A, E

QROC

1. Ensemble du matériel génétique porté par un individu.
2. Les neurones.
3. • Substance grise, activité autonome, réflexe.
   • Substance blanche, transmission des influx à distance, organe conducteur.

4. Calcium, phosphore, vitamine D.

5. Mouvement articulaire qui approche un segment de membre de l'axe du corps.

6. Réduit la tension superficielle des alvéoles pulmonaires, empêche une rétraction trop importante et augmente la compliance (ou extensibilité) pulmonaire.

7.
- L'héparine.
- Les anti-vitamines K.
- Les thrombolytiques.

8. NaCl = 3 mL

Ca = 5 mL

KCl = 10 mL

9.
- Le délit de non-assistance.
- Le délit d'homicide volontaire.
- La violation du secret professionnel.
- L'exercice illégal de la médecine.

10.
- Signification : Schéma régional d'organisation sanitaire.
- Objectif : organisation des soins hospitaliers.

SUJET 9 Montpellier-Nîmes

QCM

Questions à choix simple

1. En ce qui concerne les infections nosocomiales, selon la circulaire du 29 décembre 2000, l'information des patients sur les risques doit être réalisée :

A. grâce au livret d'accueil ....☐
B. à la demande du patient uniquement...☐
C. seulement en cas d'infection nosocomiale établie nécessitant un suivi ...☐
D. en priorité par l'équipe opérationnelle d'hygiène ....☐

2. Un désinfectant est un produit chimique capable de :

A. diminuer le nombre de germes présents sur des milieux inertes ....☐
B. diminuer le nombre de germes présents sur une surface vivante ....☐
C. détruire définitivement tous les germes en surface ....☐
D. détruire les germes existant à la surface d'un organisme vivant ....☐
E. décoller les souillures et dissoudre les composants graisseux................☐

3. En ce qui concerne l'entretien du matériel de soin les étapes doivent être réalisées dans l'ordre suivant :

A. décontamination – détergence – désinfection...................................☐
B. détergence – décontamination – désinfection...................................☐
C. désinfection – décontamination – détergence...................................☐
D. décontamination – désinfection – détergence...................................☐
E. désinfection – détergence – décontamination...................................☐

4. Un nourrisson eutrophique, en règle générale, triple son poids de naissance en :

A. 3 mois .... ☐
B. 6 mois .... ☐
C. 12 mois ....☐
D. 24 mois ....☐

5. Vous devez calculer le débit gouttes/minute d'une perfusion de 500 mL qui doit passer en 24 heures. Vous disposez d'un perfuseur standard (1 mL = 20 gouttes) :

A. 7 gouttes/minute .... ☐
B. 10 gouttes/minute................. ☐
C. 17 gouttes/minute................. ☐
D. 25 gouttes/minute ....☐
E. 50 gouttes/minute ....☐

6. Tous les éléments suivants font partie des défenses non spécifiques de l'organisme sauf :

A. le système du complément...... ☐
B. la phagocytose...................... ☐
C. les anticorps .... ☐
D. le lysozyme ....☐
E. l'inflammation ....☐

7. La fermeture de la voie respiratoire s'effectue par :

A. abaissement du larynx .... ☐
B. ascension du pharynx .... ☐
C. constriction de la trachée .... ☐
D. abaissement de l'épiglotte .... ☐

8. Dans les poumons et dans toutes les membranes cellulaires, l'échange gazeux repose sur :

A. le transport actif .... ☐
B. la diffusion .... ☐
C. la filtration .... ☐
D. l'osmose .... ☐

9. Vous prélevez 13,2 mL de soluté de bicarbonate de sodium dans une ampoule de 20 mL à 42 ‰. Ce volume en millilitres correspond à une quantité en milligrammes égale à :

A. 31,8 mg .... ☐
B. 55,8 mg .... ☐
C. 420 mg .... ☐
D. 554 mg .... ☐

10. Les processus par lesquels les reins ajustent la composition du plasma se déroulent dans l'ordre suivant :

A. sécrétion tubulaire – filtration glomérulaire – réabsorption tubulaire .... ☐
B. réabsorption tubulaire – filtration glomérulaire – sécrétion tubulaire .... ☐
C. filtration glomérulaire – réabsorption tubulaire – sécrétion tubulaire .... ☐

11. L'eau corporelle totale atteint son maximum :

A. pendant la petite enfance .... ☐
B. au début de l'âge adulte .... ☐
C. à l'âge avancé .... ☐

12. La taille de naissance d'un enfant eutrophique, à terme, est multipliée par 2 à :

A. 2 ans .... ☐
B. 3 ans .... ☐
C. 4 ans .... ☐
D. 5 ans .... ☐

13. Le volume sanguin circulant dans le corps humain correspond à :

A. 60 mL/kg .... ☐
B. 80 mL/kg .... ☐
C. 120 mL/kg .... ☐

14. L'adrénaline est sécrétée par la glande :

A. thyroïde .... ☐
B. corticosurrénale .... ☐
C. médullosurrénale .... ☐
D. hypophyse .... ☐
E. parathyroïde .... ☐

15. La thyréostimuline hormone (TSH) est secrétée par :

A. la thyroïde .... ☐
B. la corticosurrénale .... ☐
C. les ovaires .... ☐
D. les parathyroïdes .... ☐
E. l'hypophyse .... ☐

16. La durée moyenne d'un cycle de sommeil chez l'adulte est de :

A. 30 à 40 minutes .... ☐
B. 50 à 60 minutes .... ☐
C. 1 heure 30 à 2 heures .... ☐
D. 3 à 4 heures .... ☐
E. 5 à 5 h 30 .... ☐

17. La trypsine est une enzyme qui agit sur les :

A. lipides .... ☐
B. protides .... ☐
C. glucides .... ☐
D. sels minéraux .... ☐

18. Le but essentiel de la mesure de la clearance plasmatique est :

A. le dosage de l'activité rénine du plasma ☐
B. le dosage de l'érythropoïétine ☐
C. l'étude de l'excrétion rénale ☐
D. l'étude de la réabsorption de l'eau ☐
E. l'étude de la densité urinaire ☐

Questions à choix multiple

19. Quels éléments franchissent la barrière placentaire ?

A. l'alcool ☐
B. les immunoglobulines G ☐
C. l'aspirine ☐
D. les virus ☐
E. l'insuline ☐

20. Les dispositions réglementaires des parties IV et V du Code de la Santé publique prévoient dans l'annexe au décret du 29 juillet 2004, les conditions suivantes de réalisation des actes professionnels concernant les enfants :

A. la puéricultrice diplômée d'état est seule habilitée à réaliser des soins à condition qu'un pédiatre puisse intervenir à tout moment ☐
B. l'infirmier(e) en cours de formation préparant au diplôme d'État de puéricultrice peut participer à ces soins ☐
C. la puéricultrice diplômée d'État dispense ces soins en priorité ☐
D. l'auxiliaire de puériculture peut réaliser les soins relevant du rôle propre de l'infirmier(e) ou de la puéricultrice ☐

21. Le transport de l'oxygène par le sang s'effectue :

A. grâce à l'équilibre de ses formes de transport ☐
B. sous forme d'oxyhémoglobine ☐
C. à l'aide du fer de l'hémoglobine ☐
D. sous forme dissoute dans le plasma ☐
E. par l'intermédiaire des globules rouges ☐

22. La surveillance infirmière d'un nourrisson atteint de méningite et hospitalisé doit porter sur :

A. la diurèse ☐
B. l'état cutané ☐
C. l'état de conscience ☐
D. les troubles digestifs ☐
E. le poids ☐

23. Les vaccinations obligatoires pour les enfants en France sont :

A. le vaccin contre le tétanos ☐
B. le vaccin contre la poliomyélite ☐
C. le vaccin contre la tuberculose ☐
D. le vaccin contre la coqueluche ☐
E. le vaccin contre la diphtérie ☐

24. L'éruption cutanée typique de la rougeole se définit par :

A. des maculo-papules érythémateuses ☐

B. une éruption qui apparaît derrière les oreilles et s'étend en 3, 4 jours aux membres inférieurs ☐
C. une nappe érythémateuse diffuse sans intervalle de peau saine ☐
D. des macules rosées rapidement recouvertes de vésicules ☐
E. une éruption fugace sous forme de macules ☐

25. Selon la loi du 4 mars 2002 relative aux droits des malades et à la qualité du système de santé :

A. l'examen d'une personne malade dans le cadre d'un enseignement clinique requiert son consentement préalable ☐
B. aucun acte médical ou traitement ne peut être pratiqué sans le consentement libre et éclairé de la personne ☐
C. le consentement de la personne concernant le traitement est définitif ☐
D. seuls les médecins ont le devoir d'informer les personnes malades sur les risques prévisibles des traitements ☐

26. La responsabilité disciplinaire de l'infirmier(e) :

A. est une obligation de subir une sanction pour la violation d'une règle professionnelle ☐
B. concerne seulement le secteur public ☐
C. peut avoir pour sanction un licenciement ☐
D. peut avoir pour sanction une amende ☐
E. est une obligation de réparer le dommage causé à autrui ☐

27. Parmi ces éléments de définition, quels sont ceux entrant dans la définition d'une suspension :

A. préparation dans laquelle un principe actif est dilué dans une solution concentrée de sucre ☐
B. préparation qui résulte de la dispersion dans un liquide d'un ou de plusieurs principes actifs en fines particules insolubles ☐
C. au repos, les particules se déposent dans la partie inférieure du contenant ☐
D. médicament solide sous forme de grains dont l'excipient est un sucre ☐
E. préparation résultant de la dispersion d'une substance médicamenteuse dans un mélange non miscible d'eau et d'huile ☐

28. Les signes d'alarme que doit dépister l'infirmier pour un malade traité par digitaliques sont :

A. nausées, vomissements ☐
B. douleurs abdominales ☐
C. augmentation de la diurèse ☐
D. diminution du poids ☐
E. augmentation du nombre de pulsations ☐

29. Parmi les propositions concernant un sujet du groupe sanguin AB, négligeant la compatibilité Rhésus, cochez les réponses exactes :

A. il peut donner du sang à ceux du groupe A ☐
B. il peut donner du sang à ceux du groupe B ☐

C. il peut donner du sang à ceux du groupe AB ☐
D. il peut recevoir du sang des groupes A et B ☐
E. il peut recevoir du sang du groupe 0 ☐

30. La prévention tertiaire permet de :

A. dépister les handicaps ☐
B. prévenir les maladies ☐
C. prévenir les complications dues à une maladie ☐
D. éviter la chronicité ☐
E. contribuer à la réinsertion professionnelle ☐

31. Les facteurs qui influent sur la vitesse du métabolisme comprennent :

A. l'âge ☐
B. le sexe ☐
C. la taille ☐
D. le taux de tyroxine ☐
E. l'activité musculaire ☐

32. La pression artérielle est influencée par :

A. le débit cardiaque ☐
B. la résistance vasculaire périphérique ☐
C. le volume sanguin ☐

33. Lors de la pose d'une transfusion, les signes cliniques évocateurs d'un accident hémolytique sont :

A. céphalées pulsatiles ☐
B. constriction thoracique ☐
C. frissons ☐
D. angoisse et agitation ☐
E. douleurs lombaires ☐

34. Au niveau du cœur, lors de la diastole générale, il se produit :

A. la contraction des oreillettes droite et gauche et leur vidange ☐
B. le remplissage des oreillettes droite et gauche ☐
C. l'éjection du sang contenu dans les ventricules droit et gauche ☐
D. le remplissage partiel des ventricules droit et gauche ☐
E. l'ouverture des valves tricuspide et mitrale ☐

35. Le groupe sanguin A Rhésus négatif possède :

A. l'antigène A ☐
B. l'antigène B ☐
C. l'anticorps anti A ☐
D. l'anticorps anti B ☐
E. l'antigène D ☐

36. La capacité vitale respiratoire est définie par l'ensemble des :

A. volume de réserve respiratoire ☐
B. volume résiduel ☐
C. volume courant ☐
D. volume de réserve expiratoire ☐
E. volume de l'espace mort ☐

37. Le diabète chez une femme enceinte peut être responsable :

A. de prématurité ☐
B. de placenta prævia ☐
C. d'un hydramnios ☐
D. de grossesse extra-utérine ☐
E. d'avortement ☐

38. Concernant la responsabilité juridique, une infirmière diplômée d'État est habilitée à :

A. administrer un médicament après prescription orale au téléphone......... ☐
B. administrer un médicament sans prescription car il est d'usage courant dans le service .... ☐
C. administrer un médicament parce qu'il est notifié par écrit sur un protocole à mettre en place en cas d'urgence (signé par le médecin)... ☐
D. recopier une ordonnance .... ☐
E. discuter une prescription si elle estime qu'il y a erreur de posologie...... ☐

39. Lors d'une déshydratation un enfant peut présenter :

A. un teint pâle......................... ☐
B. un pli cutané .... ☐
C. une sécheresse de la langue .... ☐
D. une fontanelle bombée .... ☐
E. des yeux cernés .... ☐

40. Les éléments nécessaires à l'érythropoïèse sont :

A. l'érytropoïétine .... ☐
B. la testostérone...................... ☐
C. le fer .... ☐
C. la vitamine B_{12} .... ☐
E. l'acide folique........................ ☐

QROC

Vous travaillez dans un service d'urgences où vous accueillez régulièrement des patients douloureux pour des pathologies très diverses.

Le projet de soins de ce service est d'avoir une prise en charge adaptée à la douleur auprès des consultants, avec la mise en place de grilles d'évaluation de la douleur.

1. Citez les différentes étapes de la prise en charge de la douleur.

2. Quels sont les objectifs de l'évaluation de la douleur ?

3. Quels sont les arguments en faveur de l'utilisation d'outils d'évaluation de la douleur ?

Vous travaillez en unité de soins pédiatrique Le matin, vous accueillez Mme A. et son fils Kévin âgé de 11 mois Depuis 48 heures, Kévin présente une hyperthermie à 39 °C, il vomit, a des selles diarrhéiques plusieurs fois par jour. Quelques jours avant l'hospitalisation, il pesait 9,850 kg.

Aujourd'hui, il pèse 9,300 kg. Sa maman vous dit « je suis inquiète, mon fils est très malade, je ne veux pas le quitter. Comment allez-vous le soigner ? ».

4. À combien évaluez-vous la perte de poids de Kevin ? Comment pouvez-vous la qualifier ?

5. Sur le plan clinique et paraclinique, quels éléments allez-vous surveiller pour assurer la sécurité de Kévin ? Argumentez vos réponses.

6. Que pouvez-vous répondre à Mme A. ? Qu'allez-vous mettre en place ?

Vous travaillez en pédiatrie. Léo, 6 ans, atteint de mucoviscidose est hospitalisé pour une cure d'antibiotique intraveineux, suite à un prélèvement bronchique positif à plusieurs germes.

Léo est fils unique, ses parents redoutent de mettre au monde un 2e enfant atteint de cette maladie, alors qu'aucun des 2 parents n'est malade.

7. À l'aide d'un schéma ou d'un tableau, expliquez quelle est la probabilité pour ces parents d'avoir un autre enfant atteint de mucoviscidose (hérédité autosomique récessive).

8. Vous expliquez à une élève infirmière de 2e année, en stage, les mesures d'isolement à mettre en place pour Léo. Argumentez.

Mlle X, 20 ans, vient au centre de protection maternelle infantile, rencontrer l'infirmière à sa permanence.

Elle est enceinte (11 semaines d'aménorrhée) et n'a pas eu de suivi médical jusqu'à ce jour.

Elle vit seule et n'a pas de revenus.

Elle vous confie qu'elle a déjà eu une interruption volontaire de grossesse il y a 2 ans.

9. Dans quels domaines orientez-vous le recueil de données ?

10. Quels types d'interventions mettez-vous en place ? Argumentez vos réponses.

CORRIGÉ

QCM

1 : A	**11 :** A	**21 :** A, B, C, D, E	**31 :** A, B, C, D, E
2 : A	**12 :** C	**22 :** A, B, C, D, E	**32 :** A, B, C
3 : A	**13 :** B	**23 :** A, B, C, E	**33 :** A, B, C, D, E
4 : C	**14 :** C	**24 :** A, B	**34 :** B, D, E
5 : A	**15 :** E	**25 :** A, B	**35 :** A, D
6 : C	**16 :** C	**26 :** A, C	**36 :** A, C, D
7 : D	**17 :** B	**27 :** B, C	**37 :** A, C, E
8 : B	**18 :** C	**28 :** A, B	**38 :** C, E
9 : D	**19 :** A, B, C, D	**29 :** C, D, E	**39 :** A, B, C, E
10 : C	**20 :** B, C	**30 :** C, D, E	**40 :** A, C, D, E

QROC

1.
- Reconnaître.
- Évaluer.

• Prévenir.
• Traiter.

2. • Mesurer son intensité (auto- et hétéro-évaluation).
• Guider le choix thérapeutique.
• Mesurer l'efficacité du traitement.

3. • Avoir un langage commun.
• Avoir des références médicales et paramédicales identiques.
• Avoir une démarche d'équipe cohérente.

4. La perte de poids est de 5,5 %, elle est modérée.

5. • Surveillance paraclinique :
– fréquence cardiaque, température, tension artérielle afin de dépister toute aggravation ;
– pesée 2 fois par jour afin d'évaluer la perte pondérale.
• Surveillance clinique :
– fréquence des selles (aspect, quantité) et des vomissements ;
– qualité de l'hydratation :
  - pli de peau,
  - dépression de la fontanelle,
  - apparition ou aggravation des cernes,
  - altération de l'état de conscience,
  - diminution du tonus musculaire,
  - sécheresse des muqueuses.

6. • Entretien entre Mme A. et le médecin sur l'état de santé de Kévin et les risques réels.
• Entretien entre l'infirmier(e) et Mme A. pour évaluer ses besoins en matière d'information et de soutien.
• Hébergement de Mme A. selon l'équipement du service.
• Proposition des repas si elle le souhaite.

7. A = pathologique
a = sain

Aa \ Aa	A	a
A	AA	Aa
a	Aa	aa

donc 1 enfant sur 4.

8. Mesures d'isolement
• Il faut appliquer l'isolement lié à une contamination par les voies aériennes supérieures :
– isolement en chambre individuelle ;

– port de masque pour le personnel intervenant autour du lit du malade ;
– lavage des mains à la sortie de la chambre ;
– port de gants si contact avec sécrétions bronchiques ;
– précautions : élimination du linge contaminé, des déchets ;
– port de blouse si risque de projection.

Source : *L'isolement*, Direction des Hôpitaux, 1998.

• Adaptation des mesures pour l'enfant et sa famille : besoins liés à l'âge, au développement, au contexte.

9. • Médical.

• Social.

• Psychologique.

10. • Orientation vers le médecin gynécologue pour :
– confirmation de la grossesse ;
– déclaration de la grossesse ;
– examen médical.

• Orientation éventuelle vers le service social et le psychologue suite aux antécédents IVG évoqués.

• Information sur le suivi médical jusqu'au terme de la grossesse et prise en charge : 7 examens dont le 1er avant la fin du 3e mois réalisé par un médecin, les autres examens ayant lieu aux 4e, 5e, 6e, 7e, 8e et 9e mois.

• Informations sur les différents professionnels du Centre et leur qualification, les différentes prestations proposées.

• Liaison avec sage-femme, assistante de service social, psychologue, pour transmission des données et projet d'action.

SUJET 10 Nantes

Situation N° 1 : Endocrinologie

Infirmier(e) en endocrinologie, vous dispensez des soins à Mlle R., âgée de 26 ans, présentant un surpoids majeur ; le diagnostic d'obésité est posé.

QCM

Questions à choix simple et/ou choix multiple

1. L'apport calorique moyen journalier pour cette jeune fille, avec activité, est de :

A. 1 000 calories ...... ☐
B. 1 500 calories ...... ☐
C. 2 000 calories ...... ☐
D. 2 500 calories ...... ☐
E. 3 000 calories .. ☐

2. L'apport calorique des nutriments est :

A. 1 g de glucides apporte 4 calories ☐
B. 1 g de lipides apporte 10 calories ☐
C. 1 g de protides apporte 4 calories ☐
D. 1 g de sels minéraux apporte 2 calories ☐

3. Les fruits apportent :

A. des lipides .... ☐
B. de la vitamine K ... ☐
C. des glucides .... ☐
D. des protéines .... ☐
E. des fibres .... ☐

4. L'obésité peut avoir pour conséquence :

A. l'athérosclérose ☐
B. l'hyperthyroïdie ☐
C. les maladies coronariennes ☐
D. une altération de l'image corporelle ☐

QROC

Quelle sera votre démarche éducative, en lien avec le diagnostic médical, auprès de cette patiente ?

Situation N° 2 : Législation

Vous êtes infirmier(e) dans un établissement public hospitalier.

QCM

Questions à choix simple et/ou choix multiple

1. Dans quelles instances la profession d'infirmier(e) est-elle de droit représentée ?

A. au comité de lutte contre la douleur ☐
B. à la commission des soins infirmiers ☐

C. au conseil d'administration ☐
D. au comité technique d'établissement ☐
E. au comité de lutte contres les infections nosocomiales ☐
F. au comité d'hygiène, de sécurité et des conditions de travail ☐

2. Quelles sont les missions de la DRASS ?

A. mission de contrôle du fonctionnement administratif médical et financier ☐
B. rémunération du personnel hospitalier ☐
C. délivrance des diplômes des professions de santé ☐
D. nomination du personnel hospitalier ☐

3. La santé publique est la science de l'art de prévenir les maladies, de prolonger la vie et d'améliorer la santé et la vitalité mentale et physique des individus, par le moyen d'une action collective concertée visant à :

A. assainir le milieu ☐
B. lutter contre les maladies ☐
C. lutter contre les inégalités socio-économiques ☐
D. enseigner les règles d'hygiène ☐
E. organiser des services médicaux et infirmiers en vue d'un diagnostic précoce et du traitement préventif des maladies ☐

4. l'agence régionale d'hospitalisation :

A. définit et met en œuvre la politique régionale de l'offre de soins hospitaliers ☐
B. nomme le personnel hospitalier ☐
C. analyse l'activité des établissements de santé publics et privés ☐
D. détermine leurs ressources à travers la campagne budgétaire ☐

QROC

« La santé n'a pas de prix, elle a néanmoins un coût. Cependant, même si la santé n'est pas un bien comme les autres, même si ce n'est pas un marché comme les autres, son implication sur l'économie doit être prise en considération. »

Qu'en pensez-vous ? Argumentez votre point de vue en donnant un exemple.

Situation N° 3 : Médecine

Vous travaillez ce matin en collaboration avec une aide-soignante, dans un service de médecine. Vous accueillez Monsieur D. 68 ans, d'origine africaine, hospitalisé pour une fièvre inexpliquée, maux de tête importants, la nuque est douloureuse.

Lors des transmissions, vous êtes interpellé(e) par des propos racistes de l'aide-soignante sur cette personne.

QCM

Questions à choix simple et/ou choix multiple

1. Quels sont les principes exacts de la charte du patient hospitalisé ?

A. le patient participe aux choix thérapeutiques qui le concernent............☐

B. un acte médical ne peut être pratiqué qu'avec le consentement libre et éclairé du patient ....☐

C. le personnel hospitalier peut diffuser à l'ensemble de l'équipe ce qui concerne la vie privée des personnes soignées..........................☐

D. la personne hospitalisée peut désigner un membre de l'équipe soignante du service comme personne de confiance ....☐

E. le respect de l'intimité du patient doit être préservé lors des soins ....☐

2. Quelles sont les actions que l'aide-soignante exerce en collaboration avec l'infirmier(e) ?

A. évaluation et cotation de la douleur...☐

B. administration d'antalgique prescrit par le médecin ....☐

C. appréciation du rythme respiratoire..☐

D. pose d'une sonde d'alimentation nasogastrique ....☐

E. transmissions écrites sur le dossier de soins ....☐

3. La phase de début d'une méningite se caractérise par :

A. une bradycardie..................... ☐

B. une hyperthermie .... ☐

C. une raideur de la nuque.......... ☐

D. des vomissements ....☐

E. une surdité soudaine ....☐

4. Chez l'adulte, la fièvre se définit à partir d'une température corporelle :

A. supérieure à 37,5° .... ☐

B. supérieure à 39°.................... ☐

C. supérieure à 39,5° .... ☐

D. supérieure à 38° ....☐

E. supérieure à 38,5° ....☐

QROC

Par rapport aux propos d'intolérance prononcés par l'aide-soignante, vous définirez ce qu'est pour vous la tolérance et expliquerez votre comportement professionnel dans cette situation.

Situation N° 4 : Chirurgie

Vous êtes infirmier(e) dans un service de chirurgie. Mme E., 33 ans, sans enfant, vient de subir une mammectomie gauche. Avant l'opération, elle apparaissait plutôt confiante, semblant accepter la mutilation en précisant qu'elle n'a pas peur.

Quelques jours après l'intervention, elle se montre agressive, revendicatrice. En effet, à chaque fois que vous essayez de lui parler, de la calmer, elle se met en colère et demande que vous partiez. L'ensemble de l'équipe est décontenancé.

QCM

Questions à choix simple et/ou choix multiple

1. Le sein est composé de 3 éléments anatomiques :

A. l'albuginée .... ☐
B. le muscle mammaire.............. ☐
C. le tissu fibreux..................... ☐
D. le tissu adipeux .... ☐
E. la glande mammaire .... ☐

2. À propos du cycle menstruel :

A. le premier jour du cycle correspond au dernier jour des règles............. ☐
B. la durée moyenne du cycle est de 28 jours .... ☐
C. la FSH et la LH sont sécrétées par l'hypothalamus.............................. ☐
D. lorsque les règles sont espacées de 3 mois, on parle de spanioménorrhée ... ☐

3. Les trompes présentent quatre parties :

A. les canoncules .... ☐
B. le pavillon .... ☐
C. l'ampoule .... ☐
D. l'isthme .... ☐
E. l'aponévrose.......................... ☐
F. la portion interstitielle .... ☐

4. À propos de la contraception orale :

A. l'effet contraceptif des progestatifs microdosés est obtenu en bloquant l'ovulation .... ☐
B. les pilules œstroprogestatives doivent être débutées la première fois le premier jour des règles... ☐
C. les antécédents thrombo-emboliques sont une contre-indication aux pilules œstroprogestatives .... ☐
D. l'indice de Pearl exprime l'efficacité d'une contraception .... ☐
E. la pilule du lendemain peut être prescrite dans les 72 heures après un rapport sexuel non protégé.. ☐

QROC

Comment comprenez-vous le comportement de Mme E. et quels en sont les processus psychologiques ? Quelle attitude professionnelle pourriez-vous avoir ?

Situation N° 5 : Médecine

Vous êtes infirmier(e) dans un service de médecine. Vous prenez en charge M. X âgé de 75 ans, présentant des œdèmes des paupières et des membres inférieurs. Il a dans ses antécédents une lithiase rénale droite compliquée de pyélonéphrite aiguë. Le diagnostic de syndrome néphrotique est posé.

QCM

Questions à choix simple et/ou choix multiple

1. Les éléments caractéristiques du syndrome néphrotique sont :

A. une protéinurie > 3g/24 h .... ☐
B. une hyperprotidémie et une hypoalbuminurie .... ☐

C. des œdèmes diffus ☐
D. une hypercholestérolémie ☐
E. une insuffisance rénale ☐

2. Les complications les plus à craindre, car mettant en jeu le pronostic vital dans l'insuffisance rénale aiguë, sont :

A. une hyperhydratation ☐
B. une hypocalcémie ☐
C. une acidose métabolique ☐
D. une hyperkaliémie ☐
E. une anémie ☐

3. Quelles sont les anomalies qui peuvent être détectées par un simple examen des urines à la bandelette réactive ?

A. protéinurie ☐
B. calciurie ☐
C. hématurie ☐
D. pyurie ☐
E. leucocyturie ☐

4. Quelles sont les prescriptions de diététique à mettre en œuvre devant un syndrome néphrotique avec œdèmes ?

A. un régime hyposodé ☐
B. un régime hypoprotidique ☐
C. un régime pauvre en graisses végétales et riche en graisses animales ☐
D. une restriction hydrique ☐

QROC

En vue d'une sortie prochaine, une prescription médicale avec régime alimentaire est faite. Sa femme vous répond « Pas de problèmes, je vais diriger les opérations, au nom du "bien" de sa santé ».

Qu'en pensez-vous ? Quelle attitude aurez-vous vis-à-vis de ce couple ?

Situation N° 6 : Endocrinologie

Mlle Vanessa T., âge de 22 ans, a été hospitalisée en urgence en endocrinologie pour coma hypoglycémique consécutif à l'absence de prise alimentaire après injection d'insuline. L'interrogatoire de la mère qui l'accompagne a permis d'obtenir un certain nombre de renseignements : Vanessa est diabétique, traitée par l'insuline depuis l'âge de 15 ans par deux injections, à raison de 26 unités le matin et 22 le soir. Célibataire, étudiante en faculté de Droit, elle ne fume pas, ne boit pas, mais a une vie assez irrégulière, travaille beaucoup, saute des repas, se couche tard. Elle vit chez ses parents.

QCM

Questions à choix simple et/ou choix multiple

1. Les signes fonctionnels d'un diabète qui s'aggrave, sont :

A. la fièvre ☐
B. la soif ☐
C. l'amaigrissement ☐
D. la polyurie ☐
E. l'anorexie ☐

2. Le diabète insulinodépendant de type I :

A. a le plus souvent un début brutal ☐
B. survient généralement avant 35 ans ☐
C. s'accompagne de la présence d'anticorps contre les îlots de Langerhans. ☐
D. entraîne la mort en l'absence de traitement par l'insuline ☐
E. aboutit à la destruction totale des îlots de Langerhans ☐

3. Une hypoglycémie peut être due :

A. à un repas trop riche en graisses ☐
B. à un exercice physique prolongé ☐
C. à un repas sauté ☐
D. à l'ingestion d'alcool ☐

4. L'alimentation humaine comporte idéalement :

A. un apport en hydrates de carbone qui représente 50 % de la ration énergétique ☐
B. un apport en hydrates de carbone qui représente 30 % de la ration énergétique ☐
C. des apports moyens en hydrates de carbone représentant 200 à 300 g par jour ☐
D. des apports moyens en hydrates de carbone représentant 500 à 600 g par jour ☐

QROC

Quels seront les objectifs du projet éducatif de Vanessa dans le service d'endocrinologie ?

Situation N° 7 : Affections digestives

Mme J., 45 ans, se plaint d'une constipation depuis de nombreuses années : c'est son « tempérament » dit-elle.

QCM

Questions à choix simple et/ou choix multiple

1. On considère comme souffrant de constipation une personne :

A. ayant moins d'une selle par jour ☐
B. ayant moins de 3 selles par semaine ☐
C. dont les selles sont déshydratées ☐
D. dont les selles contiennent des glaires ☐
E. dont le poids des selles est inférieur à 300 g par jour ☐

2. Les causes digestives de la constipation sont :

A. la colopathie fonctionnelle ☐
B. l'allergie alimentaire ☐
C. la maladie de Hirschsprung ☐
D. l'excès de fibres alimentaires ☐
E. la sténose rectocolique ☐

3. Les médicaments constipants sont très nombreux, ce sont par exemple :

A. les opiacés .... ☐ C. les expectorants ..... ☐ E. les cardiotoniques ☐
B. les antitussifs ...... ☐ D. les antidépresseurs ☐

4. La manométrie anorectale :

A. demande d'ingérer des marqueurs radio-opaques .... ☐
B. mesure les pressions au niveau de l'anus et du rectum .... ☐
C. explore les constipations terminales .... ☐
D. est une radiographie anorectale de profil .... ☐

QROC

Quelles actions infirmières proposerez-vous à Mme J, en vue de son retour à domicile ?

Situation N° 8 : Traumatologie

Alexis, 15 ans, renversé sur la voie publique en scooter, est transporté aux urgences. Il présente une déformation et une plaie associée du membre inférieur droit.

QCM

Questions à choix simple et/ou choix multiple

1. Le mouvement d'abduction est :

A. le mouvement qui porte la paume de la main en avant .... ☐
B. le mouvement qui porte la paume de la main en arrière .... ☐
C. le mouvement qui écarte le membre de l'axe médian du corps .... ☐
D. le mouvement qui rapproche le membre de l'axe médian du corps .... ☐

2. Les cellules osseuses responsables des phénomènes de reconstruction osseuse sont les :

A. ostéoclastes .... ☐ C. ostéoplastes .... ☐
B. ostéoblastes .... ☐ D. ostéoïdes .... ☐

3. En ce qui concerne Alexis, votre comportement immédiat concernant la jambe blessée sera :

A. déshabiller le blessé, en découpant ses vêtements au besoin .... ☐
B. faire le bilan de la mobilité .... ☐
C. recouvrir la plaie avec un pansement stérile .... ☐
D. préparer son transport pour l'examen radiologique .... ☐

4. En ce qui concerne Alexis, votre comportement immédiat concernant le blessé lui-même sera :

A. déceler un état de choc .... ☐
B. assurer la prévention du tétanos .... ☐
C. faire un bilan urinaire .... ☐
D. demander l'heure du dernier repas .... ☐

E. demander l'existence de maladies préalables .... ☐
F. réconforter Alexis et l'informer sur ce qu'on va lui faire .... ☐

QROC

Annotez le schéma de la constitution d'un os long :

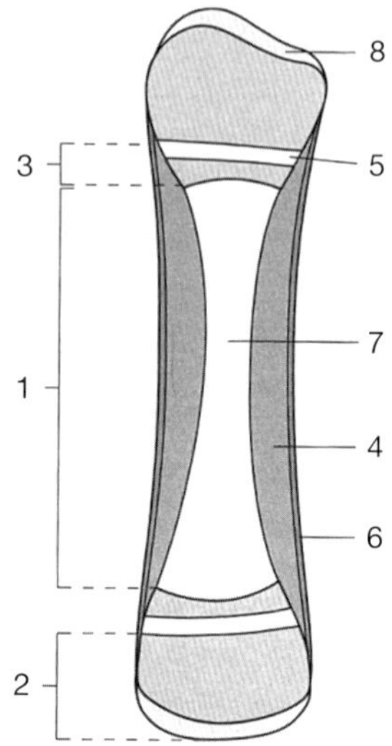

Situation N° 9 : Pathologies respiratoires

M. José L., 69 ans, maçon à la retraite, est hospitalisé dans votre service de pneumologie, pour une surinfection bronchique et une suspicion de phlébite. Il a des antécédents médicaux d'embolie pulmonaire et une hypertension artérielle depuis 7 ans. Il fume un paquet de cigarettes par jour, et est alité chez lui depuis deux jours.

Dans le service, il a une prescription d'oxygène par sonde nasale, une perfusion, 3 aérosols par 24 heures, de la kinésithérapie respiratoire, un régime hyposodé et un repos strict au lit. Son traitement habituel de Sintron est remplacé par de l'héparine en seringue électrique : 170 mg sur 12 heures, à diluer dans du sérum physiologique pour obtenir 24 mL de solution (flacon de 5 mL contenant 25 000 UI)

QCM

Questions à choix simple et/ou choix multiple

1. Où se situent les échanges gazeux entre l'air le sang ?

A. la plèvre .... ☐
B. la trachée .... ☐
C. les bronchioles .... ☐
D. les alvéoles .... ☐

2. Actuellement, en pratique courante chez l'adulte, à quel endroit le prélèvement pour la mesure de gaz du sang peut-elle se faire ?

A. le lobe de l'oreille .... ☐
B. dans l'artère radiale .... ☐
C. dans l'artère fémorale .... ☐
D. dans l'artère pédieuse .... ☐

3. Quelle est la maladie professionnelle la plus fréquente ?

A. la silicose .... ☐
B. l'asbestose .... ☐
C. l'asthme professionnel .... ☐
D. le cancer bronchique .... ☐

4. Comment qualifie-t-on la transformation du sang veineux en sang artériel au niveau des poumons ?

A. hémostase .... ☐
B. hématose .... ☐
C. hématopoïèse .... ☐
D. hématurie .... ☐

QROC

Expliquez la préparation de l'injection d'*héparine* (décrivez votre calcul).

Situation N° 10 : Santé publique – Promotion de la santé

Infirmier(e) dans un lycée polyvalent, vous avez à animer, gérer, dynamiser un « Club Santé ». C'est un lieu idéal pour « parler », « communiquer ». La plupart des élèves vous connaissent bien. Les élèves vous font plusieurs propositions concernant des thèmes autour de la santé et son environnement, notamment les infections sexuellement transmissibles (IST).

QCM

Questions à choix simple et/ou choix multiple

1. Les différentes étapes de la démarche d'éducation à la santé sont :

A. définition du problème .... ☐
B. identification du problème ...... ☐
C. enquête statistique .... ☐
D. diagnostic .... ☐
E. interventions .... ☐
F. compte rendu écrit .... ☐
G. évaluation .... ☐

2. L'épidémiologie peut se définir comme :

A. la science qui étudie statistiquement la mortalité des différents groupes humains .... ☐
B. la science qui étudie statistiquement l'état de santé de divers groupes humains .... ☐
C. le résultat du nombre total de malades pendant une période par rapport à l'ensemble de la population .... ☐
D. le nombre moyen d'années restant à vivre à un nouveau-né .... ☐

3. La prévalence :

A. c'est le nombre de cas existant sur une période donnée par rapport à la population à cette date .... ☐

B. c'est le nombre de nouveaux cas d'une maladie dans une période par rapport à la population au milieu de cette période .... ☐
C. c'est le nombre de cas guéris d'une maladie dans une période par rapport à la population .... ☐

4. Le taux de mortalité infantile en France se situe actuellement entre :
A. 38 et 40/1 000 ...... ☐ B. 3,8 et 4,5/1 000..... ☐ C. 380 et 450/1 000 ☐

QROC

Comment concevez-vous la mise en place d'une information sur les infections sexuellement transmissibles ?

CORRIGÉ

Situation N° 1 : Endocrinologie

QCM

1 : C | **2 :** A, C | **3 :** C, E | **4 :** A, C, D

QROC

a) Activités :
- être à l'écoute du vécu, du mode de vie ;
- connaître les habitudes alimentaires de façon très précise ;
- transmettre les principes d'un équilibre alimentaire à partir de ce que sait la personne.

b) Attitudes de la soignante : prévoir un accompagnement avec des objectifs et une évaluation.

Situation N° 2 : Législation

QCM

1 : A, B, E | **2 :** A, C | **3 :** A, B, D, E | **4 :** A, C, D

QROC

Exemples :
- suivi par le médecin traitant ;
- médicaments génériques.

Situation N° 3 : Médecine

QCM

1 : A, B, E | **2 :** A, C, E | **3 :** B, C, D | **4 :** D

QROC

a) La tolérance :

- attitude qui consiste à admettre chez autrui une manière d'être, de penser, d'agir différente de celle que l'on adopte soi-même ;
- respect de la différence de l'autre.

b) On ne peut pas tout tolérer. Les propos de l'aide-soignante ne sont pas tolérables car ils sont « racistes ». En tant qu'infirmière d'une équipe, il est important de revenir avec l'aide-soignante sur ces propos pour en discuter.

Situation N° 4 : Chirurgie

QCM

1 : C, D, E | **2 :** B | **3 :** B, C, D, F | **4 :** B, C, D

QROC

a) Comportement de la patiente :

- mécanismes de défense ;
- dénégation à l'arrivée, trop douloureuse pour le moi conscient ;
- protection de l'angoisse → refoulement ;
- perturbation de l'estime de soi ;
- processus de deuil ;
- féminité – maternité – sexualité ;
- perception du schéma corporel (amputation).

b) Entendre cette agressivité, sa colère, la souffrance → accompagnement.

Situation N° 5 : Médecine

QCM

1 : A, C, D | **2 :** A, C, D | **3 :** A, C, E | **4 :** A, D

QROC

- Parler du vécu avec ce patient par rapport à la maladie.
- Explorer les habitudes alimentaires de la vie de ce couple.

• Connaître le point de vue de la femme.

• Poser ensemble, avec le couple, les bases du régime en tenant compte du désir des deux personnes.

Situation N° 6 : Endocrinologie

QCM

1 : B, C, D	**2 :** A, B, C, D, E	**3 :** B, C, D	**4 :** A, C

QROC

a) Aspect technique :

• la capacité à s'injecter l'insuline ;

• vérifier la connaissance des lieux d'injection ;

• vérifier la capacité à manipuler le lecteur de glycémie ;

• vérifier les heures de contrôle de la glycémie capillaire ;

• vérifier que Vanessa connaît les signes de l'hypoglycémie et les moyens de lutter contre un tel accident : quantité de sucre à absorber, ampoule de glucagon en réserve avec la seringue pour l'injecter ;

• enseigner les principes de « ressucrage » à la mère de Vanessa (notamment l'injection de glucagon).

b) Aspect psychologique :

• vécu de la maladie qui l'incite à ne pas être vigilante vis-à-vis d'elle-même ;

• point sur son rythme de vie ? le sommeil et les repas ;

• hygiène de vie.

Situation N° 7 : Affections digestives

QCM

1 : B	**2 :** A, C, E	**3 :** A, B, D	**4 :** B, C

QROC

a) Conseils hygiéno-diététiques :

• il faut, après avoir le résultat des examens nécessaires éliminant une pathologie organique, dédramatiser le symptôme et rassurer la patiente ;

• on l'incite à la consommation de légumes verts, de fruits, pour les fibres et l'eau qu'ils apportent ;

• boire 2 litres par jour ;

• le matin, on conseille, en plus du petit-déjeuner, la prise d'un grand verre d'eau ou de jus de fruits pour déclencher le réflexe gastrocolique ;

• des activités physiques visant à renforcer la musculature abdominale sont indiquées ;

• éviter l'automédication par des laxatifs irritants.

b) Accompagnement, écoute par rapport à ce qu'elle dit de « son tempérament ».

Situation N° 8 : Traumatologie

QCM

1 : C | **2 :** B | **3 :** A, C | **4 :** A, D, E, F

QROC

1. Diaphyse
2. Épiphyse
3. Métaphyse
4. Corticale
5. Cartilage de conjugaison
6. Périoste
7. Cavité médullaire
8. Cartilage articulaire

Situation N° 9 : Pathologies respiratoires

QCM

1 : D | **2 :** B | **3 :** C | **4 :** B

QROC

Mise en route immédiate :

Héparine = 170 mg/12 h

5 mL $\leftrightarrow$ 25 000 UI $\leftrightarrow$ 250 mg

X mL $\leftrightarrow$ 170 mg

$X = \frac{850}{250}$ = 3,4 mL d'*héparine*

Prendre 3,4 mL d'*héparine* et rajouter 20,6 mL de sérum physiologique pour obtenir 24 mL de solution.

Situation N° 10 : Santé publique – Promotion de la santé

QCM

1 : A, B, D, E, G | **2 :** B | **3 :** A | **4 :** B

QROC

- Associer en permanence les élèves au projet, les rendre acteurs.
- Susciter l'imagination, la créativité, ils en ont beaucoup.
- Encourager l'implication des jeunes.
- Sortir du cadre institutionnel habituel, autant que possible en profitant de sorties extérieures (ski, classes vertes...).
- Associer d'autres acteurs professionnels dans le projet (compétents dans différents domaines).
- Les faire participer à l'évaluation du projet éducatif.
- Soigner la forme : information, discussion.

SUJET 11 Pointe à Pitre

QCM

Questions à choix simple

1. Quel est le mot qui définit l'ensemble de tous les caractères codés par les gènes qui s'expriment ?

A. génome .... ☐
B. génotype .... ☐
C. halotype .... ☐
D. phénotype .... ☐
E. caryotype .... ☐

2. Quel est l'organite cellulaire qui stocke les produits finis que la cellule fabrique ?

A. mitochondrie .... ☐
B. réticulum endoplasmique .... ☐
C. ribosome .... ☐
D. appareil de Golgi .... ☐
E. noyau .... ☐

3. Parmi les muscles suivants, quel est celui qui assure l'accommodation du cristallin ?

A. muscle aqueux .... ☐
B. muscle ciliaire .... ☐
C. muscle grand oblique .... ☐
D. muscle sympathique .... ☐
E. muscle pupillaire .... ☐

4. Le muscle qui permet l'adduction de l'humérus est :

A. le grand pectoral .... ☐
B. le petit pectoral .... ☐
C. le grand dentelé .... ☐
D. le muscle vaste externe .... ☐
E. le muscle trapèze .... ☐

5. Quels sont les nerfs qui innervent les cordes vocales ?

A. nerfs phréniques .... ☐
B. nerfs cervicaux .... ☐
C. nerfs vocaux .... ☐
D. nerfs récurrents .... ☐
E. nerfs glosso-pharyngés .... ☐

6. Dans quelle région anatomique rénale se situent tous les glomérules de Malpighi ?

A. corticale rénale .... ☐
B. médullaire rénale .... ☐
C. macula densa .... ☐
D. capsule de Bowman .... ☐
E. capsule rénale .... ☐

7. À partir du moment où le bol alimentaire a franchi le sphincter pharyngo-œsophagien, le contrôle conscient de la digestion est retrouvé au niveau :

A. du duodénum .... ☐
B. de l'intestin grêle . ☐
C. de l'anus .... ☐
D. de l'estomac .... ☐
E. du pylore .... ☐

8. Un gel hydro-alcoolique :

A. remplace parfois un lavage des mains .... ☐

B. sert à pratiquer des massages ☐
C. a une action anti-escarre ☐
D. est un substitut à l'alcool ☐
E. permet la fixation des mèches ☐

9. La progestérone est sécrétée :
A. durant la première partie du cycle ☐
B. durant la seconde partie du cycle ☐
C. par l'antéhypophyse ☐
D. par l'utérus ☐
E. par l'hypothalamus ☐

10. La grossesse est issue de la fécondation par un spermatozoïde d'un « ovule » dont le nom exact est :
A. ovocyte I ☐
B. ovocyte II ☐
C. gastrula ☐
D. morula ☐
E. ovogonie ☐

11. Chez le nouveau-né, le réflexe de Moro est caractérisé par :
A. une flexion des jambes ☐
B. une extension des jambes ☐
C. une extension des bras ☐
D. une rotation de la tête ☐
E. une flexion des doigts ☐

12. Une entérocolite est l'inflammation simultanée des muqueuses :
A. du duodénum et de l'intestin grêle ☐
B. du duodénum et du jéjunum ☐
C. de l'intestin grêle et du colon ☐
D de l'estomac et de l'intestin grêle ☐
E. du colon et du rectum ☐

13. Quelle est, en règle générale, la durée maximale de prescription d'un stupéfiant ?
A. 5 jours ☐
B. 7 jours ☐
C. 10 jours ☐
D. 28 jours ☐
E. 30 jours ☐

14. Quand commence le cycle menstruel ?
A. le dernier jour des règles ☐
B. le jour de l'ovulation ☐
C. le premier jour des règles ☐
D. lors de l'élévation du taux de FSH ☐
E. lors de la chute de LH ☐

15. Quel examen biologique obligatoire doit-on pratiquer chez une femme enceinte de groupe Rhésus négatif parmi les propositions suivantes ?
A. NFS ☐
B. groupe sanguin ABO ☐
C. Ag HBS ☐
D. agglutinines irrégulières ☐
E. glycosurie ☐

16. La lecture du résultat d'une intradermo-réaction peut être réalisée par :
A. un(e) infirmier(e) ☐
B. un(e) aide soignant(e) ☐

C. un(e) éducateur/trice spécialisé(e) ☐
D. un(e) auxiliaire de puériculture ☐
E. un médecin ☐

17. La mortalité infantile équivaut au nombre de décès survenus dans la période :
A. de la 28e semaine de gestation à 1 mois ☐
B. de la naissance à 1 mois ☐
C. de la naissance à 1 an ☐
D. de la naissance à 6 ans ☐
E. de la naissance à 18 ans ☐

18. La PAJE signifie :
A. Protection des adultes et des jeunes enfants ☐
B. Prestation d'accueil du jeune enfant ☐
C. Présentation de l'accueil des jeunes enfants ☐
D. Protection administrative par le juge des enfants ☐
E. Projet d'adoption d'un jeune enfant ☐

19. Le ticket modérateur représente :
A. la part remboursée par la mutuelle ☐
B. le montant remboursé par la Sécurité sociale ☐
C. les frais restant à la charge de l'assuré ☐
D. les frais restant à la charge de l'ayant droit ☐
E. la participation tarifaire de l'hôpital ☐

20. La composition moyenne d'une ration alimentaire équilibrée est :
A. 15 % de protides, 30 % de lipides, 55 % de glucides ☐
B. 15 % de protides, 60 % de lipides, 25 % de glucides ☐
C. 20 % de protides, 10 % de lipides, 70 % de glucides ☐
D. 20 % de protides, 70 % de lipides, 10 % de glucides ☐
E. 55 % de protides, 35 % de lipides, 15 % de glucides ☐

Questions à choix multiple

21. Le caryotype humain normal comporte :
A. 42 chromosomes + XX ☐
B. 44 chromosomes + XX ☐
C. 44 chromosomes + XY ☐
D. 46 chromosomes + XY ☐
E. 46 chromosomes + XX ☐

22. Sont des éléments de la cellule :
A. le réticulum endoplasmique ☐
B. l'appareil de Golgi ☐
C. le nucléole ☐
D. la chromatide ☐
E. le disque nucléaire ☐

23. Les hormones sécrétées par la glande thyroïdienne sont :
A. la thyroxine ☐
B. la thyréostimuline ou TSH ☐
C. la triidothyronine ou T3 ☐
D. la calcitonine ☐
E. l'ocytocine ☐

24. Les os du crâne sont :

A. l'os pyramidal ...... ☐ C. le pariétal .... ☐ E. le trapèze .... ☐
B. le rocher .... ☐ D. le cuboïde .... ☐

25. La surveillance de la fréquence respiratoire s'effectue :

A. à l'aide d'une montre à trotteuse .... ☐
B. à l'aide d'un saturateur .... ☐
C. en posant la main sur le thorax .... ☐
D. en appréciant en même temps la régularité du rythme respiratoire .... ☐
E. en comptant le nombre d'inspirations pendant une minute exactement . ☐

26. Parmi les propositions suivantes, quels sont les éléments sanguins que laissent passer les glomérules rénaux à l'état physiologique ?

A. lipides .... ☐ C. albumine .... ☐ E. bicarbonates .... ☐
B. cellules sanguines. ☐ D. glucose .... ☐

27. Le suc gastrique est un milieu complexe contenant :

A. de l'eau .... ☐ D. des enzymes protéolytiques ..... ☐
B. de l'acide chlorhydrique .... ☐ E. le facteur intrinsèque .... ☐
C. des microprotéines .... ☐

28. Les principaux réflexes primaires du nouveau-né sont :

A. le réflexe de Moro .... ☐
B. le réflexe de Babinski .... ☐
C. le réflexe de succion .... ☐
D. le réflexe de préhension .... ☐
E. le réflexe de marche automatique .... ☐

29. Les vaccinations obligatoires en France sont :

A. anti-hémophilus ... ☐ C. anti-tétanique ..... ☐ E. anti-diphtérique ☐
B. anti-hépatite B .... ☐ D. anti-rougeoleuse .. ☐

30. La puberté se caractérise par :

A. l'apparition de la pilosité pubienne .... ☐
B. l'apparition des premières règles .... ☐
C. l'augmentation du taux des hormones hypophysaires .... ☐
D. l'augmentation de la masse lipidique .... ☐
E. la déminéralisation du squelette .... ☐

31. Chez un enfant diabétique insulinodépendant, les signes de l'hyperglycémie sont :

A. la soif .... ☐ D. la somnolence .... ☐
B. l'envie fréquente d'uriner .... ☐ E. la pâleur .... ☐
C. l'hypotension .... ☐

32. Les actions de la morphine sont :

A. la baisse de la tension artérielle .... ☐
B. l'accélération de la fréquence cardiaque .... ☐
C. la dépression de la respiration .... ☐
D. la mydriase .... ☐
E. la régulation de la douleur au niveau du cerveau .... ☐

33. La surveillance des suites de couches normales porte sur :

A. l'aspect et le volume des lochies ☐
B. l'involution utérine ☐
C. la surveillance circulatoire ☐
D. le dépistage des complications thromboemboliques ☐
E. la surveillance du fond d'œil ☐

34. La toxémie gravidique se caractérise par :

A. l'hypertension artérielle ☐
B. la dysurie ☐
C. l'albuminurie ☐
D. la glycosurie ☐
E. les œdèmes ☐

35. Les conséquences du tabagisme de la femme enceinte sont :

A. l'augmentation du nombre d'avortements spontanés ☐
B. l'éclampsie ☐
C. le risque d'accouchements prématurés ☐
D. le retard de croissance intra-utérin ☐
E. l'accélération du rythme cardiaque de la mère et du fœtus ☐

36. Dans son rôle propre, l'infirmier(e) est habilité(e) à accomplir les actes suivants :

A. prévention d'escarre ☐
B. pose d'une sonde gastrique en vue d'alimentation ☐
C. administration d'aérosols de produits non médicamenteux ☐
D. toilette périnéale ☐
E. lavement ☐

37. Les établissements hospitaliers publics français disposent de certaines instances, lesquelles ?

A. un conseil supérieur des conditions de soins ☐
B. une commission médicale d'établissement ☐
C. un conseil d'administration ☐
D. un conseil technique paritaire ☐
E. une commission des soins infirmiers, de rééducation et médicotechniques ☐

38. En santé publique, on parle de prévention primaire lorsque celle-ci :

A. s'exerce avant l'apparition de la maladie ☐
B. fait appel à des mesures de prévention individuelle ☐
C. fait appel à des mesures de prévention collective ☐
D. tente de limiter le développement d'une maladie installée chez une personne ☐
E. prend en compte le dépistage précoce des maladies ☐

39. L'agence régionale d'hospitalisation :

A. est un organisme privé au service de l'État ☐
B. est une instance décentralisée au niveau de la région ☐
C. fixe les limites du schéma régional d'organisation sanitaire ☐
D. participe à la démarche d'accréditation des établissements de santé ☐
E. répartit l'enveloppe budgétaire régionale des établissements de santé ☐

40. Parmi les nutriments suivants, lesquels ne fournissent pas d'énergie à l'organisme ?

A. les vitamines .... ☐
B. les lipides............ ☐
C. les glucides......... ☐
D. les sels minéraux.. ☐
E. les protéines.... ☐

QROC

1. Depuis janvier 2002, un congé de naissance pour le père est institué. Citez-en 4 caractéristiques.

2. Donnez la définition de l'infection nosocomiale.

3. Mortalité infantile : donnez la définition, indiquez son intérêt en santé publique. Quels sont le taux de mortalité infantile et sa caractéristique en Guadeloupe en 2002 par rapport à la France métropolitaine ?

4. Décrivez la circulation lymphatique ?

5. Dans le cadre de la Sécurité sociale, branche maladie, définissez ce qu'est une prestation en nature, ce qu'est une prestation en espèce. Donnez un exemple pour chacune.

6. Qu'est ce que la pharmacocinétique ?

7. Vous devez administrer du *Solupred* à Marie à raison de 1 mg/kg/jour en 2 prises. Marie pèse 15 kg. Le *Solupred* dont vous disposez se présente sous la forme de gouttes buvables dosées à 1 mg/20 gouttes. Quel est le nombre de gouttes de *Solupred* administrées à chaque prise et au total ? (Faites apparaître obligatoirement vos calculs.)

8. Un élève aide-soignant vous demande la différence entre discrétion et secret professionnel à l'hôpital. Que lui répondez-vous ?

9. Vous devez préparer une perfusion de sérum glucosé à 5 % contenant 1 200 UI d'*Héparine*. De combien de mL d'*Héparine* avez-vous besoin en sachant que vous utilisez une solution à 5 000 UI/mL ? (Faites apparaître obligatoirement vos calculs.)

10. Citez deux éléments nouveaux apparus dans le décret du 11 février 2002 relatif aux actes professionnels et à l'exercice de la profession d'infirmier(e).

CORRIGÉ

QCM

1 : D	**11 :** C	**21 :** B, C	**31 :** A, B
2 : D	**12 :** C	**22 :** A, B, C, D	**32 :** B, C, E
3 : B	**13 :** B	**23 :** A, C, D	**33 :** A, B, C, D
4 : A	**14 :** C	**24 :** A, B, C	**34 :** A, C, E
5 : D	**15 :** D	**25 :** A, C, D, E	**35 :** A, C, D, E
6 : A	**16 :** E	**26 :** D, E	**36 :** A, C, D
7 : C	**17 :** C	**27 :** A, B, C, E	**37 :** B, C, E
8 : A	**18 :** B	**28 :** A, C, D, E	**38 :** A, B, C
9 : B	**19 :** C	**29 :** C, E	**39 :** C, E
10 : B	**20 :** A	**30 :** A, B, C	**40 :** A, D

QROC

1. • Concerne tous les actifs (salariés, travailleurs indépendants, employeurs, militaires, etc.).

• Ouvre droit au versement d'indemnités journalières.

• Durée de 11 jours calendaires consécutifs si naissance simple, 18 jours calendaires consécutifs si naissances multiples.

• Non fractionnable dans le temps.

• Doit être pris dans les 4 mois qui suivent la naissance.

• Cumulable avec le congé de 3 jours accordé aux salariés.

2. Une infection nosocomiale est une infection contractée par un malade hospitalisé qui n'était ni présente, ni en incubation à l'entrée du malade :

• infection présente 48 heures minimum après l'admission du patient ;

• infection sur une plaie opératoire jusqu'à 30 jours après l'intervention ;

• infection sur une prothèse, un implant jusqu'à un an après la pose.

3. a) Il s'agit du nombre d'enfants nés vivants et décédés durant la première année de la vie, rapporté à 1 000 naissances vivantes. C'est un indice majeur de l'état de santé d'une population.

b) En 2002, le taux de mortalité en Guadeloupe est de 6,9 °/°°. Il est plus élevé que celui de la France métropolitaine qui est de 4,4 °/°°.

4. Au niveau des capillaires ; le plasma filtre et forme le liquide interstitiel ou lymphe. Ce liquide est évacué par les vaisseaux lymphatiques et regagne la circulation sanguine par la grande veine lymphatique et le canal thoracique.

5. **a)** Prestation en nature : remboursement des frais engagés pour les soins médicaux.

Exemple : remboursement de la consultation médicale

b) Prestation en espèce : indemnité ou allocation versée dans des situations précises.

Exemple : indemnité journalière

6. La pharmacocinétique est l'étude des rapports qui unissent le médicament à l'hôte. Elle étudie donc son devenir : absorption, distribution et élimination.

7. Chaque jour on doit administrer à Marie :

1 × 15 = 15 mg de *Solupred* ce qui représente

20 × 15 = 300 gouttes de *Solupred* par jour

À chaque prise : 300/2 = 150 gouttes de *Solupred* par prise.

8. **a)** Discrétion professionnelle : obligation statutaire de la profession. La discrétion à l'égard du public (famille, malade, public) doit concerner les conditions de fonctionnement et d'organisation de l'établissement, les membres du personnel, la qualité des prestations apportées (soins, service hôtelier, accueil).

b) Secret professionnel : obligation juridique relevant de la juridiction pénale. Le secret concerne la maladie, le malade, le traitement, le diagnostic, la vie privée, les confidences que le malade a pu faire, et toutes informations recueillies par le personnel de santé.

9. 5 000 UI = 1 mL

1 UI = 1/5 000

1 200 UI = 1 200 × 1/5 000 = 0,24 mL

10. • Article 3 : notion de protocole infirmier.

• Article 7 : l'infirmier(e) est habilité(e) à entreprendre et à adapter les traitements antalgiques.

• Article 11 : soins dispensés en priorité par un(e) infirmier(e) titulaire du DE de puéricultrice.

• Article 12 : soins dispensés en priorité par un(e) infirmier(e) de bloc opératoire.

SUJET 12 Provence-Alpes-Côte d'Azur

QCM

Questions à choix simple

1. Repérez l'affirmation erronée. Le liquide céphalorachidien est :

A. un liquide de couleur jaune ☐
B. sécrété par les plexus choroïdes ☐
C. d'un volume de 130 mL ☐
D. composé de 0,60 g de glucose/litre ☐
E. composé de 0,30 g de protides/litre ☐

2. La durée de vie moyenne d'un globule rouge est de :

A. 60 jours ☐ C. 100 jours ☐ E. 140 jours ☐
B. 80 jours ☐ D. 120 jours ☐

3. Les agglutinines sont des substances présentes dans :

A. le plasma ☐ C. le sérum ☐ E. les érythrocytes ☐
B. la lymphe ☐ D. les hématies ☐

4. Quel est le volume d'urine dans la vessie donnant l'envie d'uriner ?

A. 150 cm^3 ☐ C. 300 cm^3 ☐ E. 400 cm^3 ☐
B 200 cm^3 ☐ D. 350 cm^3 ☐

5. Le trypsinogène est un suc :

A. gastrique ☐ C. intestinal ☐ E. salivaire ☐
B. biliaire ☐ D. pancréatique ☐

6. Le canal de Santorini est situé dans :

A. le foie ☐ C. l'estomac ☐ E. le pancréas ☐
B. la rate ☐ D. le rein ☐

7. Quelle est la portion initiale de l'intestin grêle ?

A. le jéjunum ☐ C. l'iléon ☐ E. le mésentère ☐
B. le duodénum ☐ D. le pylore ☐

8. Le nombre de vertèbres lombaires dans le rachis est :

A. 3 ☐ C. 5 ☐ E. 12 ☐
B. 4 ☐ D. 7 ☐

9. Cochez la réponse inexacte. Dans le système nerveux central, on distingue :

A. le cerveau ☐ D. le cervelet ☐
B. le tronc cérébral ☐ E. les racines et nerfs rachidiens ☐
C. la moelle épinière ☐

10. Le diaphragme est innervé par :

A. le nerf pathétique .... ☐
B. le nerf honteux .... ☐
C. le nerf splénique .... ☐
D. le nerf phrénique .... ☐
E. le nerf pneumogastrique .... ☐

11. Quel est l'os qui constitue le talon ?

A. l'astragale .... ☐
B. le cunéiforme....... ☐
C. le calcanéum .... ☐
D. le scaphoïde .... ☐
E. le cuboïde .... ☐

12. Fonction commande et régulation. Les fibres sensitives croisent la ligne médiane au cours de leur trajet, par conséquent, chaque hémisphère reçoit les influx :

A. sensitifs de l'hémicorps opposé .... ☐
B. moteurs de l'hémicorps opposé .... ☐
C. sensitifs de même côté .... ☐
D. moteurs de même côté .... ☐
E. sensitifs et moteurs .... ☐

13. La méninge en contact avec le cerveau et la moelle épinière est :

A. la pie-mère .... ☐
B. la dure-mère .... ☐
C. la périneurale .... ☐
D. l'arachnoïde .... ☐
E. aucune des propositions ci-dessus .... ☐

14. À 2 ans, un enfant mesure en général environ :

A. 60 cm .... ☐
B. 85 à 87 cm .... ☐
C. 100 à 105 cm ...... ☐
D. 110 à 120 cm ...... ☐
E. 120 à 130 cm ... ☐

15. L'enfant acquiert la préhension en pince supérieure à :

A. 12 mois.............. ☐
B. 11 mois.............. ☐
C. 9 mois .... ☐
D. 7 mois .... ☐
E. 6 mois............ ☐

16. Vers deux ans, le poids de naissance de l'enfant est :

A. multiplié par 2 ..... ☐
B. multiplié par 2,5 .. ☐
C. multiplié par 3..... ☐
D. multiplié par 3,5 .. ☐
E. multiplié par 4 . ☐

17. La fermeture de la fontanelle antérieure est achevée vers :

A. 3 à 4 mois .... ☐
B. 6 à 7 mois .... ☐
C. 9 à 10 mois .... ☐
D. 15 à 18 mois .... ☐
E. 20 à 24 mois.... ☐

18. Quel est le débit en gouttes/min de la perfusion suivante ?
– Soluté glucose à 5 %
– 500 mL à perfuser en 4 h 00 (1 mL = 20 gouttes)

A. 22 gouttes par min .... ☐
B. 42 gouttes par min .... ☐
C. 52 gouttes par min .... ☐
D. 62 gouttes par min................. ☐
E. 72 gouttes par min................. ☐

19. Calcul de doses. Vous devez préparer 8 mg de *Valium* en injection IM. Vous disposez d'ampoules de 2 mL contenant 10 mg de produit actif. Quel volume en mL allez-vous injecter ?

A. 0,16 mL .... ☐
B. 0,40 mL .... ☐
C. 1,25 mL............. ☐
D. 1,6 mL................ ☐
E. 2,50 mL.......... ☐

20. Cochez la réponse qui ne correspond pas au rôle du placenta :

A. permet les échanges respiratoires ☐
B. permet les échanges nutritifs ☐
C. a une fonction de digestion ☐
D. a une fonction de protection ☐
E. a une fonction de réserve ☐

21. L'étude du liquide amniotique permet d'estimer chez le fœtus la maturité :

A. rénale ☐
B. osseuse ☐
C. oculaire ☐
D. pulmonaire ☐
E. cardiaque ☐

22. Parmi les propositions suivantes, laquelle ne correspondent pas aux attributions de la commission du service des soins infirmiers ?

A. consultation pour l'avancement d'échelon du personnel infirmier ☐
B. établissement du projet de soin infirmier ☐
C. consultation sur le projet d'établissement ☐
D. recherche dans le domaine des soins infirmiers et leur évaluation ☐
E. élaboration d'une politique de formation du personnel infirmier ☐

23. La loi (N 2002 2003) du 4 mars 2002 est une loi relative :

A. aux actes professionnels infirmiers ☐
B. aux droits des malades et à la qualité du système de santé ☐
C. aux règles professionnelles des infirmier(e)s ☐
D. aux règles professionnelles des aides-soignant(e)s et des auxiliaires de puériculture ☐
E. aux droits des mineurs en danger ☐

24. Parmi les soins suivants, lequel peut être effectué par une infirmière dans le cadre de son rôle propre (article R4311-3 du Code de la santé publique) ?

A. aérosol de *Ventoline* ☐
B. instillation de collyre antibiotique ☐
C. aspiration des sécrétions d'un patient ☐
D. mesure de la pression veineuse centrale ☐
E. prélèvement de sang par ponction capillaire ☐

25. À ce jour, quelle est l'espérance de vie pour les femmes ?

A. 74 ans ☐
B. 79,3 ans ☐
C. 81,2 ans ☐
D. 83,8 ans ☐
E. 86 ans ☐

26. Lors d'une grossesse gémellaire, la femme primigeste travaillant bénéficie d'un congé maternité d'une durée de :

A. 14 semaines ☐
B. 16 semaines ☐
C. 18 semaines ☐
D. 20 semaines ☐
E. 22 semaines ☐

27. La loi Huriet définit :

A. l'organisation hospitalière ☐
B. les procédures mises en place lors d'essais cliniques ☐
C. la remise d'échantillons pharmaceutiques dans les services de soins ☐

D. les conditions d'obtention d'autorisation de mise sur le marché du médicament ☐
E. la législation des médicaments ☐

28. Laquelle de ces propositions ne convient pas ? Un litre de lait entier contient :

A. 36 g de lipides ☐ C. 1,2 g de calcium ☐ E. 878 g d'eau ☐
B. 32 g de protides ☐ D. 25 g de glucides ☐

29. Laquelle de ces réponses ne convient pas ? Une eau minérale naturelle :

A. bénéficie d'un statut européen défini par le décret du 06/06/89 ☐
B. a une composition caractéristique constante ☐
C. est stérile ☐
D. bénéficie d'un périmètre de protection ☐
E. a une température constante à l'émergence ☐

30. Un petit-déjeuner équilibré représente en rapport aux besoins nutritionnels journaliers :

A. 5 % ☐ C. 25 % ☐ E. 45 % ☐
B. 15 % ☐ D. 35 % ☐

Questions à choix multiple

31. La vascularisation du cerveau est assurée par :

A. les carotides internes ☐ D. la jugulaire ☐
B. les artères vertébrales ☐ E. la coraco-brachiale ☐
C. l'artère sous-clavière ☐

32. Le groupe sanguin A peut recevoir :

A. le groupe B ☐ C. le groupe O ☐ E. le groupe BO ☐
B. le groupe A ☐ D. le groupe AB ☐

33. Indiquez pour les schémas suivants le chiffre qui correspond à l'une des phases de la mitose :

A. interphase ☐ C. métaphase ☐ E. anaphase ☐
B. prophase ☐ D. télophase ☐

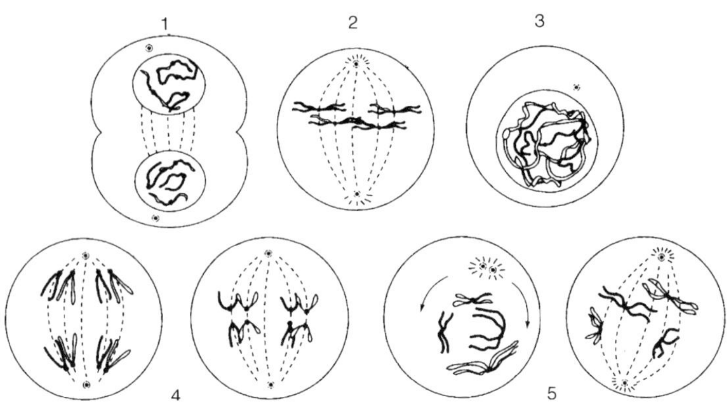

34. À l'aide des propositions suivantes, annotez le schéma de l'anatomie de l'oreille :

A. conduit auditif externe.......... ☐
B. caisse du tympan.................. ☐
C. tympan................................ ☐
D. oreille interne .... ☐

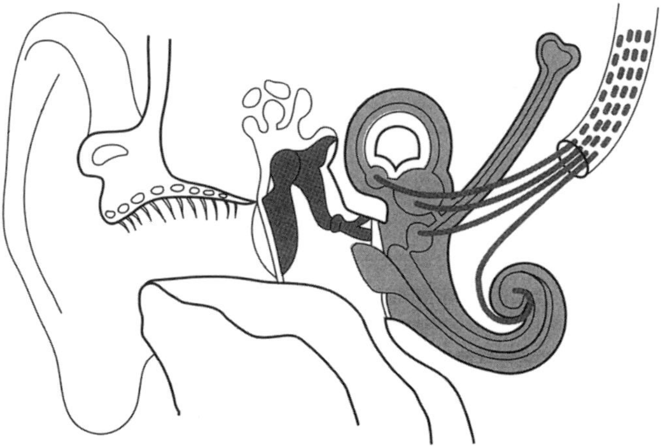

35. Chez l'enfant, l'entrée en fonction des gonades :

A. signe l'apparition de la puberté .... ☐
B. signe l'apparition de la phase de latence... ☐
C. détermine les caractères sexuels secondaires .... ☐
D. permet la sécrétion des hormones thyroïdiennes .... ☐
E. permet la production d'ovules et de spermatozoïdes............................ ☐

36. L'adrénaline :

A. augmente le taux de glycémie .... ☐
B. ralentit le rythme cardiaque .... ☐
C. est sécrétée par la glande médullosurrénale... ☐
D. provoque les mêmes effets que le système nerveux parasympathique ..... ☐
E. aucune de ces propositions n'est exacte .... ☐

37. Les hormones élaborées par le placenta sont :

A. HCG.................... ☐
B. œstrogène........... ☐
C. HCS.................... ☐
D. ACTH.................. ☐
E. ADH.................... ☐

38. Quels sont les déchets hospitaliers qui doivent être impérativement incinérés ?

A. conteneurs à objets piquants, tranchants .... ☐
B. sac contenant des emballages divers, des déchets provenant du chariot à ménage, déchets alimentaires .... ☐
C. sac contenant des déchets des chariots de soins .... ☐
D. sac provenant du ménage des bureaux : médecin, secrétaire, cadre de santé .... ☐

E. sac contenant les déchets provenant de la chambre d'un patient placé en isolement septique ☐

39. Cochez la ou les propositions qui ne correspondent pas. Le nombre de décès survenant entre la 28e semaine de gestation et le 7e jour de vie s'appelle :

A. mortalité périnatale ☐
B. mortalité néonatale ☐
C. mortalité infantile ☐
D. mortalité fœto-infantile ☐
E. mortinatalité ☐

40. Quelles sont les vitamines hydrosolubles ?

A. vitamine A ☐
B. vitamine B1 ☐
C. vitamine B6 ☐
D. vitamine D ☐
E. vitamine K ☐

QROC

Situation N° 1

Vous examinez Pierre, 6 mois, qui présente un érythème fessier depuis 8 jours. Il porte habituellement des couches-culottes jetables. Il vit avec ses parents dans un petit 2 pièces sans salle de bains.

La maman effectue sommairement la toilette de Pierre dans l'évier de la cuisine et utilise pour celle-ci un savon adulte parfumé.

1. Relevez dans cette situation au moins 2 facteurs favorisant l'érythème fessier.

2. Dans le cadre de votre rôle propre, énoncez au moins 2 conseils que vous donneriez à la mère pour enrayer l'érythème fessier.

Situation N° 2

Face à une situation d'urgence, vous devez injecter, selon prescription, par voie IV lente (10 min) 240 mg de Solu-Médrol.

Vous disposez de flacons de 2 mL contenant 40 mg de produit actif ou de poudre injectable à 500 mg à dissoudre avec 1 solvant en ampoule de 8 mL.

3. Calculez le volume à injecter avec :

a) les flacons de 2 mL de 40 mg de produit actif

b) le flacon de poudre injectable à 500 mg

4. Combien de flacons sont nécessaires dans chacune des préparations ?

Situation N° 3

Pierre, 7 ans, est admis dans le service de médecine pédiatrique pour diabète inaugural. Il pèse à ce jour 30 kg.

5. Citez 4 signes évocateurs du diagnostic.

6. Un traitement par insuline est prescrit. La posologie est de 0,7 unité/kg/24 h en 3 injections.

a) Quelle est la dose d'insuline par injection ? (Les calculs doivent apparaître.)

b) Quelle est la dose totale d'insuline sur 24 h ?

Situation N° 4

M. H, 85 ans, 48 kg, est hospitalisé en chirurgie après avoir fait une chute dans l'escalier ayant entraîné une fracture du col du fémur. La fracture a été réduite et une prothèse a été mise en place.

Son traitement est le suivant :

- *Héparine 0,1 mL/10 kg en injection sous-cutanée à 19 h*
- *Di-antalvic 2 x 2 gélules*

7. Citez 4 éléments de surveillance clinique en rapport avec le traitement à l'héparine.

8. Calculez la quantité d'héparine à injecter à M. H à 19 h.

9. Citez au moins 2 éléments que la loi, relative aux droits des malades et à la qualité du système de santé, garantit aux patients.

Situation N° 5

Votre avis est sollicité pour la création d'un poste de lavage des mains dans votre unité de soins.

10. Citez 4 impératifs à respecter dans le choix du matériel pour pouvoir effectuer un lavage antiseptique des mains.

CORRIGÉ

QCM

1 : A	**11 :** C	**21 :** D	**31 :** A, B
2 : D	**12 :** A	**22 :** A	**32 :** B, C
3 : D	**13 :** A	**23 :** B	**33 :** voir page suivante
4 : C	**14 :** B	**24 :** C	**34 :** voir page suivante
5 : B	**15 :** C	**25 :** D	**35 :** A, C, E
6 : E	**16 :** E	**26 :** C	**36 :** A, C
7 : B	**17 :** D	**27 :** D	**37 :** A, B, C
8 : C	**18 :** B	**28 :** D	**38 :** A, C, E
9 : E	**19 :** D	**29 :** C	**39 :** B, C, D, E
10 : D	**20 :** C	**30 :** C	**40 :** B, C

Pour la question 33 :

- Interphase = 3
- Prophase = 5
- Métaphase = 2
- Télophase = 1
- Anaphase = 4

Pour la question 34 :

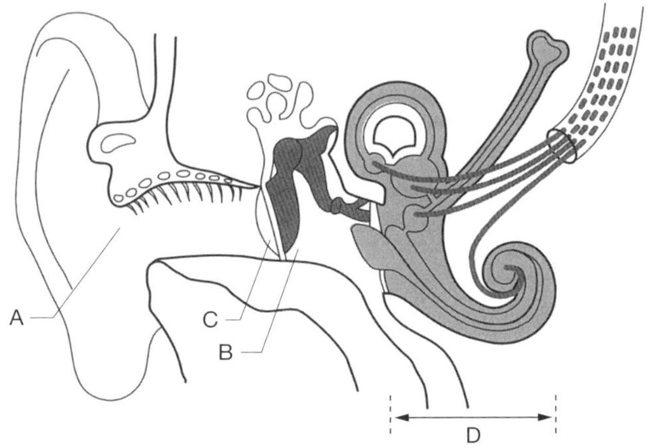

QROC

1. • Manque d'hygiène (toilette sommaire, évier).
• Occlusion complète par couches culottes.
• Savon inadapté à l'enfant et parfumé.
• Zone périnéale plus sensible à l'agression chimique et/ou bactériologique.

2. • Changes fréquents.
• Éviter les couches-culottes, favoriser l'exposition à l'air et à la lumière.
• Toilette minutieuse avec savon de Marseille.

3. a) Flacons de 2 mL de 40 mg de *Solu-Médrol* :

240 mg → X

40 mg → 2 mL

$$\frac{(2 \times 240 \text{ mg})}{40} = 12 \text{ mL}$$

b) Flacon de poudre à 500 mg et ampoules de solvants de 8 mL :

500 mg $\rightarrow$ 8 mL

240 mg $\rightarrow$ X

$$\frac{(8 \times 240)}{500} = 3{,}8 \text{ mL}$$

4. **a)** Flacons de 2 mL : 12 mL = 6 flacons.

b) Flacons de poudre : pour 240 mg il faudra un flacon de 500 mg.

5. • Fatigue.

• Amaigrissement.

• Polyurie.

• Polydypsie.

6. **a)** $\frac{(30 \times 0{,}7)}{3} = 7$

b) $30 \times 0{,}7 = 21$ unités.

7. • Le point d'injection : chaleur, douleur, rougeur.

• Les effets de l'*héparine* : hématomes, hémorragies, AVC.

• Les signes de thromboses, de phlébites : mollet.

• La température, le pouls.

8. 48 kg/0,1 mL/10 kg

$$\frac{(0{,}1 \times 48)}{10} = 0{,}48 \text{ mL}$$

9. • L'égalité d'accès à l'hôpital.

• Le respect de sa vie privée.

• La facilité d'accès à son dossier médical.

• L'uniformité des règles d'indemnisation des risques sanitaires.

• L'accessibilité à l'information au cours des soins.

10. • Distributeur d'eau, commande à pied, coude ou cellule.

• Distributeur d'essuie-mains à usage unique.

• Distributeur de savon antiseptique, commande au pied, coude ou cellule.

• Poubelle à commande au pied.

SUJET 13 Rennes

QCM

Questions à choix simple

1. L'extrémité supérieure de l'uretère est :

A. le trigone .... ☐ C. le néphron .... ☐ E. le calice .... ☐
B. l'urètre............... ☐ D. le bassinet .... ☐

2. Les veines jugulaires prennent naissance à partir de la veine :

A. sous-clavière........ ☐ C. axillaire .... ☐ E. basilique .... ☐
B. cave supérieure .... ☐ D. céphalique .... ☐

3. La transmission des ondes sonores est faite par l'intermédiaire :

A. des osselets .... ☐ D. du conduit auditif externe....... ☐
B. de la cochlée .... ☐ E. de la fenêtre ovale .... ☐
C. de la trompe d'Eustache.......... ☐

4. La fécondation a normalement lieu dans :

A. le col de l'utérus... ☐
B. l'ampoule de la trompe.. ☐
C. le corps de l'utérus .... ☐
D. le pavillon de la trompe... ☐
E. la partie interstitielle de la trompe.. ☐

5. L'involution utérine est :

A. le retour de l'utérus à son volume normal................................ ☐
B. l'infection de l'utérus .... ☐
C. l'examen de l'utérus .... ☐
D. une complication de l'accouchement .... ☐
E. une malposition de l'utérus .... ☐

6. La synapse est :

A. le prolongement du neurone .... ☐
B. le corps du neurone .... ☐
C. une racine nerveuse .... ☐
D. un neurone intercalaire .... ☐
E. l'articulation entre deux neurones... ☐

7. Dans l'urine normale, on ne retrouve pas de :

A. chlorures............ ☐ C. créatinine .... ☐ E. ammoniaque .... ☐
B. urée .... ☐ D. glucides............. ☐

8. L'amylase salivaire agit sur :

A. les protides .... ☐ C. les oligo-éléments ☐ E. les vitamines.... ☐
B. les lipides........... ☐ D. les amidons......... ☐

9. La parathormone intervient dans la régulation de :

A. la glycémie .... ☐
B. la volémie .... ☐
C. la kaliémie .... ☐
D. la calcémie .... ☐
E. la natrémie ...... ☐

10. Le médiastin est :

A. une partie de l'abdomen .... ☐
B. une portion de plèvre .... ☐
C. une échancrure dans le poumon gauche .... ☐
D. un sac à paroi mince .... ☐
E. un espace entre les deux poumons .... ☐

11. Le jéjunum est :

A. une partie du colon transverse .... ☐
B. la partie inférieure du colon descendant .... ☐
C. la portion du tube digestif qui fait immédiatement suite à l'estomac..... ☐
D. une portion de l'intestin grêle .... ☐
E. la portion initiale du gros intestin .... ☐

12. L'hémophilie est une maladie à transmission :

A. autosomique récessive.......... ☐
B. autosomique dominante .... ☐
C. chromosomique .... ☐
D. dominante liée au sexe .... ☐
E. récessive liée au sexe .... ☐

13. Le corps calleux est :

A. formé de replis appelés circonvolutions séparées par des scissures .... ☐
B. une région de substance blanche reliant les deux hémisphères droit et gauche .... ☐
C. le nom donné à la substance grise située dans l'épaisseur des hémisphères cérébraux .... ☐
D. la région du cortex cérébral spécialisée dans la motricité.......... ☐
E. la région du cortex cérébral spécialisée dans l'intégration des sensibilités .... ☐

14. La vitamine D a pour action de :

A. ramollir la matrice osseuse .... ☐
B. enlever le calcium de la matrice .... ☐
C. accélérer l'assimilation des lipides .... ☐
D. augmenter l'absorption intestinale de calcium .... ☐
E. améliorer la vision .... ☐

15. Sachant qu'un produit X se présente en ampoule de 4 mL contenant 0,24 g de principe actif, 180 mg de ce produit correspondent à :

A. 1/4 ampoule .... ☐
B. 1/2 ampoule .... ☐
C. 3/4 ampoule....... ☐
D. 1 ampoule.......... ☐
E. 2 ampoules ...... ☐

16. L'ADN est situé dans :

A. le cytoplasme.......... ☐
B. la chromatine du noyau .... ☐
C. les ribosomes .... ☐
D. la membrane cellulaire .... ☐
E. les centrioles.......... ☐

17. Chez les êtres unicellulaires, la reproduction s'appelle :

A. la phagocytose ☐
B. l'amitose ☐
C. la mitose ☐
D. la méiose ☐
E. la mitose réductionnelle ☐

18. L'hypermétropie est :

A. un défaut de courbure du cristallin ☐
B. une incapacité de voir nettement de près ☐
C. une incapacité de voir certaines couleurs ☐
D. un manque de coordination des muscles de l'œil ☐
E. une intolérance visuelle à la lumière ☐

19. L'abduction est :

A. le rapprochement des deux segments de membres ☐
B. le rapprochement d'un segment de membre de l'axe du corps ☐
C. l'éloignement d'un segment de membre de l'axe du corps ☐
D. le croisement de deux membres ☐
E. la déformation d'un membre ☐

20. Le faisceau de His :

A. se situe au niveau de la terminaison de la veine cave supérieure ☐
B. parcourt les deux oreillettes ☐
C. se situe près de l'anneau tricuspide ☐
D. descend dans le septum interventriculaire ☐
E. assure la vascularisation du tissu cardiaque ☐

21. Le surfactant est :

A. une hormone surrénalienne ☐
B. une substance fabriquée par le poumon ☐
C. une enzyme digestive ☐
D. une substance secrétée par le rein ☐
E. une hormone hypophysaire ☐

22. Le lavage courant des mains puis le port de gants stériles est indispensable :

A. pour pose d'une sonde urinaire ☐
B. pour réaliser un prélèvement sanguin autre qu'hémoculture ☐
C. pour réaliser une toilette ☐
D. pour changer un flacon de perfusion ☐
E. pour réaliser une aspiration endotrachéale ☐

23. Le bacille de Bordet et Gengou est responsable :

A. de la tuberculose ☐
B. de la rubéole ☐
C. de la gale ☐
D. des oreillons ☐
E. de la coqueluche ☐

24. Vous disposez d'un flacon d'*héparine* de 5 mL contenant 25 000 UI. La prescription médicale est de 400 UI /kg de poids. Combien de mL injectez-vous à une personne pesant 52 kg ?

A. 0,4 mL ☐
B. 3,78 mL ☐
C. 8,50 mL ☐
D. 4,16 mL ☐
E. 4,50 mL ☐

25. La prévention tertiaire permet de :
A. dépister les handicaps ☐
B. prévenir les maladies ☐
C. dépister les facteurs de risque ☐
D. traiter les maladies ☐
E. contribuer à la réinsertion professionnelle ☐

26. Le pH artériel est normalement de :
A. 6.40 ☐
B. 7 ☐
C. 7.20 ☐
D. 7.40 ☐
E. 8 ☐

27. Une des vaccinations légalement obligatoire pour la population en général est contre :
A. la rubéole ☐
B. la coqueluche ☐
C. l'hépatite ☐
D. l'*hæmophilus-influenzae B* ☐
E. la polio ☐

28. Parmi la liste des soins infirmiers suivants, lequel peut-être accompli dans le cadre du rôle propre :
A. l'ablation de cathéters centraux ☐
B. la scarification et l'injection destinées aux vaccinations ☐
C. l'administration en aérosol de produits médicamenteux ☐
D. la ventilation manuelle par masque ☐
E. le prélèvement de sang en capillaire ☐

Questions à choix multiple

29. Dans quelles situations, le secret médical peut-il être levé ?
A. déclaration de naissance ☐
B. sévices à enfants ☐
C. sérologie VIH positive ☐
D. déclaration d'un accident de travail ☐
E. examen médical prénuptial ☐

30. Le cervelet exerce un contrôle sur :
A. l'équilibration ☐
B. le tonus musculaire ☐
C. l'olfaction ☐
D. les centres du langage ☐
E. le mouvement ☐

31. Quelles sont les caractéristiques physiologiques du LCR de l'enfant ?
A. liquide limpide, incolore ☐
B. protéinorachie < 0,3 à 0,4 g/L. ☐
C. absence d'hématie ☐
D. leucocytes > 10 mm^3 ☐
E. stérilité ☐

32. Les vaccinations obligatoires pour un enfant sont :
A. le DT polio ☐
B. le ROR ☐
C. l'hémophilus ☐
D. l'hépatite B ☐
E. le BCG ☐

33. Parmi ces vitamines, les vitamines liposolubles sont :
A. la vitamine D ☐
B. la vitamine E ☐
C. la vitamine C ☐
D. la vitamine K ☐
E. la vitamine A ☐

34. La toxémie gravidique est caractérisée par :

A. la diarrhée ☐
B. l'albuminurie ☐
C. l'œdème ☐
D. l'hypertension artérielle ☐
E. la glycosurie ☐

35. En cas de blessure avec un instrument tranchant et piquant ayant été en contact avec du sang ou des liquides biologiques, il faut, pour le personnel soignant :

A. nettoyer immédiatement ☐
B. ne pas faire saigner ☐
C. appliquer un antiseptique ☐
D. effectuer une prise de sang ☐
E. déclarer l'accident ☐

36. La mitose comporte :

A. la prophase ☐
B. l'interphase ☐
C. la métaphase ☐
D. l'anaphase ☐
E. la télophase ☐

37. Les signes du surdosage de la *digoxine* sont :

A. les saignements ☐
B. une éruption ☐
C. une hypertonie ☐
D. une bradycardie ☐
E. des vomissements ☐

38. L'agence régionale d'hospitalisation :

A. est un organisme privé au service de l'État ☐
B. est une instance décentralisée au niveau de la région ☐
C. fixe les limites du schéma régional d'organisation sanitaire ☐
D. participe à la démarche d'accréditation des établissements de santé ☐
E. détermine en totalité l'enveloppe budgétaire régionale des établissements de santé ☐

39. La toxoplasmose congénitale peut se manifester par :

A. une atteinte auditive ☐
B. une atteinte rénale ☐
C. une atteinte oculaire ☐
D. des calcifications intracrâniennes ☐
E. une présence d'IgM spécifiques chez le nouveau-né ☐

40. Les accidents de la corticothérapie peuvent se manifester par :

A. une hyperthyroïdie ☐
B. une hypercholestérolémie ☐
C. une hypokaliémie ☐
D. une hypoprotidémie ☐
E. une rétention hydrosodée ☐

QROC

1. Vous êtes infirmière dans un service d'urgence, vous recevez un enfant de 7 ans victime d'un accident de la voie publique et pour lequel il est prévu une intervention chirurgicale d'urgence.

Quelle formalité devez-vous effectuer au point de vue administratif ?

2. Donnez les définitions des termes suivants :

a) produit désinfectant

b) produit décontaminant

c) produit antiseptique

3. Quelles vérifications effectue l'infirmier(e) avant de distribuer un médicament à son patient ?

4. Que devez-vous faire en cas de mise en œuvre d'un protocole écrit de soins d'urgence en l'absence du médecin ?

5. Un malade doit recevoir de l'*héparine* sodique au pousse-seringue électrique à raison de 24 000 UI par 24 h. L'*héparine* utilisée se présente en flacons de 5 mL contenant 25 000 UI. Cette *héparine* est à diluer avec du sérum physiologique en 2 seringues de 50 mL passant chacune sur 12 h.

Indiquez, pour chaque seringue (calculs : 1 chiffre après la virgule) :

a) la quantité d'*héparine* en mL

b) la quantité de sérum physiologique

c) la vitesse du pousse-seringue

6. Où sont regroupés les textes réglementant la profession IDE en France ?

7. Citez les 3 démarches obligatoires à réaliser en cas d'exposition accidentelle au sang ou à un liquide biologique, par piqûre, coupure, contact ou projection sur peau lésée ou muqueuse.

8. Définissez l'hémovigilance et la sécurité transfusionnelle

9. Dans le cadre de l'exercice professionnel infirmier, citez 6 éléments indispensables pour assurer correctement la prise en charge et la surveillance d'un patient douloureux ?

10. Vous êtes infirmier(e) de nuit, dans une unité de médecine, vous faites appel au médecin pour qu'il vienne voir un malade ; celui-ci refuse de se déplacer. Que faites-vous ?

CORRIGÉ

QCM

1 : D	**11 :** D	**21 :** B	**31 :** A, B, C, E
2 : A	**12 :** E	**22 :** A	**32 :** A, E
3 : A	**13 :** B	**23 :** E	**33 :** A, B, D, E
4 : B	**14 :** D	**24 :** D	**34 :** B, C, D
5 : A	**15 :** C	**25 :** E	**35 :** A, B, C, D, E
6 : E	**16 :** B	**26 :** D	**36 :** A, C, D, E
7 : D	**17 :** C	**27 :** E	**37 :** D, E
8 : D	**18 :** B	**28 :** D	**38 :** B, C, D
9 : D	**19 :** C	**29 :** A, B, D	**39 :** B, C, D, E
10 : E	**20 :** D	**30 :** A, B, E	**40 :** B, C, D, E

QROC

1. Autorisation d'opérer car il s'agit d'un mineur. Cette autorisation doit être signée par les parents ou le tuteur légal de l'enfant.

2. **a)** Produit désinfectant : produit qui permet momentanément d'éliminer ou de tuer des micro-organismes sur des surfaces inertes.

b) Produit décontaminant : produit qui permet de stopper la multiplication des micro-organismes.

c) Produit antiseptique : produit qui permet momentanément d'éliminer ou de tuer des micro-organismes au niveau des tissus vivants.

3.
- Prescription médicale signée et horodatée.
- Identité du patient et sa chambre.
- Nom du médicament.
- Date de péremption.
- Dosage et posologie.
- Voie d'administration.
- Horaires de la distribution.

4. En situation d'urgence, en l'absence du médecin et jusqu'à son intervention, l'infirmier(e) est habilité(e) à mettre en œuvre des protocoles de soins d'urgence préalablement écrits, datés et signés par le médecin responsable.

Les actes réalisés par l'infirmier(e) doivent être notés dans un compte rendu écrit, daté et signé, remis au médecin (dispositions réglementaires des parties IV et V du Code de la santé publique, article R4311-14) relatif aux actes professionnels et à l'exercice de la profession d'infirmier(e)).

5. a) 2,4 mL.
   b) 47,6 mL.
   c) 4,1 mL/h.
6. Dans le Code de la Santé publique : Livre III / auxiliaires médicaux

Titre 1er : profession d'infirmier(e)

Chapitre I – Exercice de la profession

- Section 1 – Actes professionnels
- Section 2 – Personnes autorisées à exercer la profession
- Section 3 – Diplômes de spécialités

Chapitre II – Règles professionnelles

- Section 1 – Dispositions communes
- Section 2 – IDE/exercice libéral
- Section 3 – IDE salariés

7. a) Démarche médicale :

   - obtenir les résultats des sérologies du patient source dans les 48 h au plus tard ;
   - faire une désinfection locale de la plaie pendant 5 min.

   b) Démarche auprès de la médecine du travail pour l'enregistrement de l'AES et suivi sérologique.

   c) Démarche administrative pour déclaration de l'accident.

8. a) L'hémovigilance :

   Ensemble des procédures de surveillance organisées depuis la collecte du sang et de ses composants jusqu'au suivi des receveurs, en vue de recueillir et d'évaluer les informations sur les effets inattendus ou indésirables résultant de l'utilisation thérapeutique des produits sanguins labiles et d'en prévenir l'apparition.

   b) La sécurité transfusionnelle :

   Ensemble des mesures visant à réduire ou à éliminer les risques immunologiques ou infectieux liés à la transfusion de produits sanguins labiles. Elle va de la sélection du donneur jusqu'au receveur et comprend le contrôle ultime au lit du patient. Elle engage l'établissement de transfusion sanguine, l'établissement de santé et les professionnels de santé.

9. - Être attentif(ive) à l'expression spontanée d'un patient.
   - Évaluer la douleur à partir d'un outil d'évaluation validé en fonction du type de douleur (exemple : EVA, grille d'observation).
   - S'enquérir des informations médicales et/ou de la prescription médicale.
   - Respecter la prescription d'antalgiques en systématique.
   - Évaluer l'efficacité du traitement et transmettre au médecin.
   - Assurer les soins de confort et limiter les sources de stress.

10. • Appel du cadre de santé de garde, ou de l'administrateur et/ou du médecin chef de service.

• Noter sur le dossier de soins, la date, l'heure de l'appel téléphonique.

• Possibilité de notifier un témoin (exemple : aide-soignante).

• Si notion d'urgence vitale, réaliser les gestes nécessaires en lien avec le protocole du service.

SUJET 14 Saint-Denis de la Réunion

QCM

Questions à choix simple

1. Un ganglion nerveux est un agrégat de corps de cellules situé :

A. à l'intérieur du cerveau ou de la moelle épinière ☐
B. à l'extérieur du cerveau ou de la moelle épinière ☒
C. seulement dans la moelle épinière ☐
D. seulement dans le cerveau ☐
E. sous la peau ☐

2. Quelle est la description de l'effet du système sympatique sur la pupille et le tractus intestinal ?

A. dilate et inhibe ☒
B. dilate et stimule ☐
C. rétrécit et inhibe ☐
D. rétrécit et stimule ☐
E. aucun effet ☐

3. Il est faux de dire que le cerveau :

A. représente environ 80 % de la masse encéphalique ☐
B. comprend quatre lobes ☒
C. contient une couche de substance grise circonvoluée ☐
D. est constitué par deux hémisphères latéraux ☐
E. comprend trois ventricules ☐

4. L'air ambiant contient un certain pourcentage d'oxygène :

A. 24 % ☐
B. 27 % ☐
C. 31 % ☐
D. 21 % ☒
E. 16 % ☐

5. Les glucides stockés sous la forme de glycogène se trouvent dans :

A. la rate ☐
B. le foie ☐
C. la vésicule biliaire ☐
D. le pancréas ☒
E. le cerveau ☐

6. L'accumulation de dépôt graisseux à la face interne de la paroi artérielle s'appelle :

A. une phlébite ☐
B. une ischémie ☐
C. l'athérosclérose ☒
D. l'artériosclérose ☐
E. les triglycérides ☐

7. Quel type d'anticorps intervient dans les réponses allergiques ?

A. Ig A ☐
B. Ig E ☐
C. Ig G ☒
D. Ig M ☐
E. Ig L ☐

8. Une personne de groupe sanguin A possède :

A. seulement des antigènes A ☒
B. seulement des antigènes B ☐

C. des antigènes A et des antigènes B ☐
D. aucun antigène ☐
E. des anticorps anti-A ☐

9. Le sang des veines pulmonaires :

A. arrive à l'aorte ☐
B. arrive à l'oreillette gauche ☒
C. arrive à l'oreillette droite ☐
D. sort du ventricule droit ☐
E. sort de l'oreillette droite ☐

10. Le taux normal de glucose éliminé dans les urines est de :

A. 1,20 g/L ☐
B. 0 g/L ☒
C. 0,50 g/L ☐
D. 0,80 g/L ☐
E. 2,20 g/L ☐

11. L'azote excrété par les reins provient :

A. du catabolisme des glucides ☐
B. du système tampon azoté ☐
C. de la dégradation des protéines ☒
D. de l'air inspiré ☐
E. du catabolisme des lipides ☐

12. Le myocarde est vascularisé par :

A. la veine cave supérieure ☐
B. l'aorte ☐
C. les coronaires ☒
D. les veines pulmonaires ☐
E. les artères pulmonaires ☐

13. Au niveau pulmonaire, on nomme l'oxygénation du sang :

A. hémostase ☐
B. hématose ☒
C. hyperhémie ☐
D. hémolyse ☐
E. hypoxie ☐

14. Une articulation mobile est une :

A. arthrodie ☐
B. synarthrose ☐
C. diarthrose ☒
D. énarthrose ☐
E. trochoïde ☐

15. Quel type d'agent pathogène cause le muguet :

A. un parasite ☐
B. un champignon ☒
C. une bactérie ☐
D. un virus ☐
E. un bacille ☐

16. En dermatologie, une éruption caractérisée par des petits boutons s'effaçant à la pression s'appelle :

A. des macules ☒
B. des papules ☐
C. des pustules ☐
D. des vésicules ☐
E. un eczéma ☐

17. Le chlorure de sodium dit isotonique est concentré à :

A. 5 ‰ ☐
B. 9 % ☐
C. 9 ‰ ☒
D. 11 % ☐
E. 14 ‰ ☐

18. Le texte définissant les actes professionnels et l'exercice de la profession en vigueur est représenté par :

A. la loi du 31 mai 1976 .... ☐
B. l'annexe du décret du 29 juillet 2004 .... ☒
C. le décret du 1er août 2000 .... ☐
D. le décret du 16 février 1998 ..... ☐
E. le décret du 15 mars 1993 .... ☐

19. Le ticket modérateur représente :

A. la part remboursé par la mutuelle .... ☐
B. le montant remboursé par la Sécurité sociale .... ☐
C. les frais restant à la charge de l'assuré .... ☐
D. les frais restant à la charge de l'ayant droit .... ☒
E. la participation tarifaire de l'hôpital .... ☐

20. La croissance de l'os en longueur est réalisée par :

A. le périoste .... ☐
B. le cartilage articulaire .... ☐
C. l'os spongieux .... ☐
D. le cartilage de conjugaison ...... ☒
E. les ostéoclastes .... ☐

21. Une seule de ces vitamines n'est pas liposoluble, laquelle ?

A. la vitamine A .... ☐
B. la vitamine B .... ☒
C. la vitamine D .... ☐
D. la vitamine E .... ☐
E. la vitamine K .... ☐

22. Un seul des éléments suivants ne se situe pas dans la bouche :

A. les glandes sublinguales .... ☐
B. les glandes sous maxillaires .... ☐
C. les glandes parotides .... ☐
D. la glande pituitaire .... ☒
E. le canal de Wharton .... ☐

23. Vous devez injecter du *Totapen* à un enfant de 30 kg à la posologie de 250 mg/5 kg/j en 3 fois. La dose à injecter à chaque administration sera de :

A. 1 500 mg .... ☐
B. 150 mg .... ☐
C. 750 mg .... ☐
D. 500 mg .... ☒
E. 50 mg .... ☐

24. Une solution de 500 mL de permanganate de potassium dosée à 50 ‰ contient :

A. 25 g de permanganate de potassium .... ☒
B. 250 g de permanganate de potassium .... ☐
C. 2,5 g de permanganate de potassium .... ☐
D. 250 g de permanganate de potassium .... ☐
E. 500 mg de permanganate de potassium .... ☐

25. Pour l'étiquetage, des médicaments de la liste 1 comportent sur l'emballage extérieur :

A. un rectangle blanc encadré d'un double filet vert .... ☐
B. un rectangle blanc encadré d'un filet rouge .... ☒
C. un rectangle blanc avec seulement la mention (uniquement sur ordonnance) .... ☐
D. un rectangle blanc encadré d'un filet vert .... ☐
E. une étiquette indiquant la durée de la prescription .... ☐

Questions à choix multiple

26. Le thorax contient les éléments (organes) suivants :

A. la trachée ☐
B. l'œsophage ☐
C. l'estomac ☐
D. le cœur ☐
E. le poumon ☐

27. Parmi les os du pied on retrouve :

A. le scaphoïde ☐
B. le trapézoïdal ☐
C. le calcanéum ☐
D. le cuboïde ☐
E. l'astragale ☐

28. Il est vrai de dire que :

A. les dendrites sont généralement plus longs que les axones ☐
B. la gaine de myéline enveloppe les dendrites ☐
C. l'influx nerveux obéit à la loi du tout ou rien ☐
D. un influx nerveux peut se déplacer le long d'un axone sur une distance illimitée sans distorsion ou perte de puissance ☐
E. l'axone est aussi appelé cylindraxe ☐

29. On retrouve dans le cœur gauche les éléments suivants :

A. la veine cave inférieure ☐
B. l'aorte ☐
C. les veines pulmonaires ☐
D. les valvules tricuspides ☐
E. les valvules mitrales ☐

30. La *Bétadine* (polyvidone iodée) se situe dans la famille des produits :

A. détergents ☐
B. bactéricides ☐
C. désinfectants ☐
D. bactériostatiques ☐
E. antiseptiques ☐

31. Les voies respiratoires supérieures comprennent :

A. les fosses nasales ☐
B. le pharynx ☐
C. l'œsophage ☐
D. la trachée ☐
E. les bronchioles ☐

32. Le transport de l'oxygène par le sang s'effectue :

A. grâce à l'équilibre de ses formes de transport ☐
B. sous forme d'oxyhémoglobine ☐
C. à l'aide du fer de l'hémoglobine ☐
D. sous forme dissoute dans le plasma ☐
E. par l'intermédiaire des globules rouges ☐

33. Parmi les globules blancs, dit leucocytes, on retrouve :

A. les monocytes ☐
B. les érythrocytes ☐
C. les lymphocytes ☐
D. les polynucléaires ☐
E. les réticulocytes ☐

34. Parmi les manifestations cliniques de la rougeole on retrouve :

A. une éruption de type vésiculeuse ☐
B. un prurit important ☐
C. le signe de Koplik ☐

D. un catarrhe occulo-nasopharyngé ☒
E. des macules rouges ☒

35. Parmi les soins suivants, lesquels relèvent du rôle propre de l'infirmier(e) ?

A. les soins préventif d'escarre ☒
B. la surveillance d'une perfusion ☒
C. la surveillance d'un aérosol non médicamenteux ☒
D. l'ablation d'un plâtre ☐
E. la ponction veineuse ☐

36. Les établissements hospitaliers publics français disposent de certaines instances :

A. un Conseil supérieur des conditions de soins (CSCS) ☐
B. une Commission médicale d'établissement (CME) ☒
C. un Conseil d'administration (CA) ☒
D. un Conseil technique paritaire (CTP) ☐
E. une Commission des soins infirmier, de rééducation et médicotechniques (CSIRMT) ☒

37. Les produits laitiers et le lait apportent à l'organisme :

A. des vitamines A et D ☒
B. de la vitamine C ☐
C. des protides et des lipides ☒
D. du calcium ☒
E. du fer ☐

38. Parmi les nutriments suivants, lesquels ne fournissent pas d'énergie à l'organisme :

A. les vitamines ☒
B. les lipides ☐
C. les glucides ☐
D. les sels minéraux ☒
E. les protéines ☐

39. Les gamètes sont :

A. des cellules haploïdes ☒
B. contiennent 44 chromosomes ☐
C. contiennent 46 chromosomes ☐
D. contiennent 23 chromosomes ☒
E. sont des cellules diploïdes ☐

40. Dans la santé communautaire :

A. le choix des besoins et des priorités se fait en concertation avec les usagers ☒
B. les usagers sont uniquement des « RMIstes » ☐
C. les usagers bénéficient de la gratuité des soins ☐
D. pour le choix des moyens, les usagers sont appelés à participer ☒
E. les professionnels travaillent en collaboration avec les usagers ☒

QROC

1. Quelles sont les fonctions de la langue ?

2. a) La vaccination confère-t-elle une immunité active ou passive ? A

b) Expliquez en quoi consistent l'immunité active et l'immunité passive. Donnez un exemple pour chaque type d'immunité.

3. Vous devez administrer du *Solupred* à Mélanie à raison de 1 mg/kg/j en 2 prises Mélanie pèse 15 kg. Le *Solupred* dont vous disposez se présente sous la forme de gouttes buvables dosées à 1 mg/20 gouttes. Quel est le nombre de gouttes de *Solupred* administrées à chaque prise et au total ?

4. Quelle classification médicamenteuse utilise-t-on depuis 1989 ?

5. a) Quels sont les éléments à surveiller de façon régulière pendant les premières 48 heures du *post-partum* ?

b) Quel risque majeur la femme encourt-elle dans les 24 premières heures ?

6. Une élève aide-soignante vous demande la différence entre discrétion professionnelle et secret professionnel à l'hôpital. Que lui répondez-vous.

7. Citez les trois temps successifs de la formation de l'urine.

8. Définissez ce qu'est un nutriment, citez-en 4 types.

9. Quel est le rôle de la lymphe ?

10. Dans une situation d'urgence (à l'hôpital ou autre établissement) et en l'absence d'un médecin, l'IDE peut agir sur protocole écrit. Quelle doit être la démarche de l'IDE ?

CORRIGÉ

QCM

1 : B	**11 :** C	**21 :** B	**31 :** A, B, D
2 : A	**12 :** C	**22 :** D	**32 :** A, B, C, D, E
3 : B	**13 :** B	**23 :** D	**33 :** A, C, D
4 : D	**14 :** C	**24 :** A	**34 :** C, D, E
5 : B	**15 :** B	**25 :** B	**35 :** A, B, C
6 : C	**16 :** A	**26 :** A, B, D, E	**36 :** B, C, E
7 : B	**17 :** C	**27 :** A, C, D, E	**37 :** A, C, D
8 : A	**18 :** B	**28 :** C, D, E	**38 :** A, D
9 : B	**19 :** C	**29 :** B, C, E	**39 :** A, D
10 : B	**20 :** D	**30 :** B, E	**40 :** A, D, E

QROC

1.
- La parole.
- La mastication (et déglutition).
- Le goût.

2. **a)** Une immunité active.

b) L'immunité active est acquise quand l'organisme fabrique des anticorps en réponse à un antigène. Exemples :

- une personne a eu une maladie ;
- une personne exposée à un antigène ;
- une personne vaccinée (par un agent pathogène atténué ou des toxines).

L'immunité passive est fournie par le transfert d'anticorps d'une personne à une autre : l'organisme ne produit pas ses propres anticorps.

Exemple : une injection de gammaglobuline (anticorps d'une autre personne) peut procurer une immunité passive vis-à-vis d'une maladie (exemple sérum antitétanique).

3. Chaque jour on doit administrer à Mélanie :

- $1 \times 15 = 15$ mg de *Solupred* ce qui représente $20 \times 15 = 300$ gouttes de *Solupred* par jour.
- à chaque prise : $300/2 = 150$ gouttes de *Solupred* par prise.

4.
- Liste 1 : produits toxiques.
- Liste 2 : produits dangereux.
- Stupéfiants : produits stupéfiants.

5. **a)** Les pulsations.

- Tension artérielle.
- Pertes sanguines = lochies.
- Évolution du globe de sécurité (rétraction).
- Température.

b) Le risque d'hémorragie de la délivrance dans les 24 premières heures.

6.
- Discrétion professionnelle : obligation statutaire de la professionnelle. La discrétion à l'égard du public (famille, malade, public) doit concerner les conditions du fonctionnement et de l'organisation de l'établissement, les membres du personnel, la qualité des prestations apportées (soins, service hôtelier, accueil).
- Secret professionnel : obligation juridique relevant de la juridiction pénale (le secret concerne la maladie, le malade, le traitement, le diagnostic, la vie privée, les confidences que le malade a pu faire, et toutes informations recueillies par le personnel de santé).

7.
- La filtration glomérulaire (filtration du plasma).
- La réabsorption tubulaire (ou ajustement de la composition du sang).
- L'excrétion tubulaire (ou évacuation de substances toxiques dans l'urine).

8. Substance alimentaire pouvant être entièrement et directement assimilée par l'organisme. Exemples : protéines, glucides, lipides, sels minéraux, vitamines, oligo-éléments.

9. • Rôle nutritif : apporte au sang circulant les graisses absorbées au niveau des chylifères de l'intestin grêle.

• Rôle de drainage - épuration : véhicule quelques déchets cellulaires et éléments inutilisés par les tissus.

• Rôle de défense de l'organisme : absorption des germes par la lymphe lors de son parcours, et destruction par phagocytose (acheminés jusqu'aux ganglions lymphatiques).

10. En situation d'urgence, en l'absence d'un médecin, l'IDE est habilité(e) à mettre en œuvre des protocoles de soins d'urgence préalablement écrits, datés et signés par le médecin responsable. Les actes réalisés par l'IDE doivent être notés dans un compte rendu écrit, daté et signé puis remis au médecin (article R4311-14, dispositions réglementaires des parties IV et V du Code de la santé publique, relatif aux actes professionnels et à l'exercice de la profession IDE).

SUJET 15 Strasbourg

QCM

Questions à choix simple (indiquer la réponse juste)

1. L'application d'un logo sur la chambre d'un malade en « isolement gouttelettes » est indiquée pour :

A. la scarlatine......... ☐ C. la gale................ ☐ E. les poux .... ☐
B. l'impétigo........... ☐ D. l'hépatite A .... ☐

2. Le bacille de Bordet-Gengou est responsable de :

A. la rougeole .... ☐ C. la varicelle .... ☐ E. la coqueluche... ☐
B. la diphtérie.......... ☐ D. les oreillons .... ☐

3. La trypsine est une enzyme qui agit au niveau :

A. des lipides........................... ☐ D. des acides nucléiques ....☐
B. des protides.......................... ☐ E. des sels minéraux..................☐
C. des glucides.......................... ☐

4. La parathormone intervient dans la régulation de :

A. la glycémie.......... ☐ C. la kaliémie .... ☐ E. la natrémie ...... ☐
B. la volémie .... ☐ D. la calcémie.......... ☐

5. Pour une alimentation équilibrée, l'apport protéique journalier pour un adulte est de :

A. 6 %.................... ☐ C. 20 %................. ☐ E. 40 %.............. ☐
B. 12 % .... ☐ D. 30 % .... ☐

6. La vitamine D a pour action de :

A. ramollir la matière osseuse..☐
B. enlever le calcium de la matrice..☐
C. accélérer l'assimilation des lipides..☐
D. augmenter l'absorption intestinale du calcium ....☐
E. améliorer la vision ....☐

7. Les glucides sont stockés sous forme de glycogène par :

A. le pancréas.......... ☐ C. la rate .... ☐ E. le duodénum .... ☐
B. le foie................ ☐ D. les surrénales ...... ☐

8. Au cours de l'exercice professionnel, l'infirmière est autorisée à déroger au secret professionnel dans le cadre de :

A. la révélation de séropositivité VIH ....☐
B. l'utilisation de stupéfiants ....☐
C. des sévices à enfant..☐
D. des tentatives d'autolyse ....☐
E. l'information de l'employeur sur la pathologie..................................☐

9. Les nutriments énergétiques sont :

A. les vitamines liposolubles .... ☐
B. les glucides .... ☐
C. les sels minéraux .... ☐
D. les oligo-éléments.................☐
E. les vitamines hydrosolubles .....☐

10. Légalement, l'interruption volontaire de grossesse doit être pratiquée avant la fin de la :

A. 9e semaine d'aménorrhée........ ☐
B. 10e semaine d'aménorrhée ...... ☐
C. 11e semaine d'aménorrhée ...... ☐
D. 12e semaine d'aménorrhée.......☐
E. 14e semaine d'aménorrhée.......☐

11. Le caryotype permet de visualiser :

A. les gènes............................. ☐
B. les chromosomes .... ☐
C. l'acide désoxyribonucléique..... ☐
D. l'acide ribonucléique..............☐
E. les gamètes..........................☐

12. Le principal muscle inspiratoire est :

A. le grand droit....................... ☐
B. le scalène............................ ☐
C. le sterno-cléido-mastoïdien..... ☐
D. le pectoral ....☐
E. le diaphragme ....☐

13. Lors de l'élimination rénale, la réabsorption active du sodium et de l'eau se fait en majorité au niveau :

A. du tube distal .... ☐
B. de l'anse de Henlé .... ☐
C. du tube proximal................... ☐
D. du tube collecteur de Bellini....☐
E. du glomérule ....☐

14. Le cœur se compose de 3 tuniques :

A. l'intima, l'adventice et la média ....☐
B. le péricarde, le myocarde et l'endocarde...☐
C. l'endothélium, le périoste, l'épithélium ....☐
D. l'intima, le péricarde, le tissu nodal..☐
E. le myocarde, l'épiderme, l'hypoderme ....☐

Questions à choix simple (indiquer la réponse fausse)

15. Selon l'Agence française des normes, les antiseptiques :

A. réduisent la contamination microbienne ....☐
B. sont appliqués sur des tissus vivants ....☐
C. sont appliqués sur des objets inertes...☐
D. sont des médicaments..☐
E. comportent des contre-indications...☐

16. L'amylase est sécrétée par :

A. les glandes sublinguales .... ☐
B. le pancréas........................... ☐
C. l'intestin grêle .... ☐
D. l'estomac ....☐
E. les glandes parotidiennes........☐

17. L'échographie pratiquée au cours de la grossesse permet d'apprécier :

A. l'âge gestationnel.................. ☐
D. la vitalité fœtale...................☐

B. le développement du fœtus ☐
C. la contamination par le VIH ☐
E. le sexe du fœtus ☐

18. Les éléments suivants sont produits dans la moelle osseuse :

A. l'hémoglobine ☐
B. les polynucléaires neutrophiles ☐
C. les lymphocytes ☐
D. les plaquettes ☐
E. les polynucléaires éosinophiles ☐

19. Les signes cliniques de la méningite sont :

A. des vomissements ☐
B. une raideur de la nuque ☐
C. des céphalées ☐
D. un énanthème ☐
E. une photophobie ☐

20. Le rein est constitué :

A. des canalicules intralobulaires ☐
B. des colonnes de Bertin ☐
C. des pyramides de Ferrein ☐
D. des tubes collecteurs de Bellini ☐
E. de l'anse de Henlé ☐

21. Des hormones régissent les processus physiologiques suivants :

A. la reproduction ☐
B. l'équilibre des électrolytes ☐
C. la croissance et le développement ☐
D. la respiration ☐
E. la régulation du métabolisme cellulaire ☐

22. L'estomac :

A. occupe la région sous phrénique droite ☐
B. communique avec l'œsophage par le cardia ☐
C. se termine par le pylore ☐
D. est vascularisé par l'aorte abdominale ☐
E. transforme les aliments en chyme ☐

23. Les hématies :

A. sont un des éléments figurés du sang ☐
B. permettent le transport de l'oxygène ☐
C. sont pourvues de noyau cellulaire ☐
D. sont remplies d'hémoglobine ☐
E. sont issues des hémocytoblastes ☐

24. Les alvéoles pulmonaires sont composées par :

A. des cellules mégacaryocytes ☐
B. des pneumocytes sécrétant le surfactant ☐
C. des cellules ciliaires ☐
D. des pneumocytes membraneux ☐
E. des cellules macrophages ☐

25. Les vaisseaux partant ou arrivant au cœur sont :

A. la veine cave supérieure ☐
B. l'aorte ☐
C. la veine porte ☐
D. les veines pulmonaires ☐
E. l'artère pulmonaire ☐

QCM à compléments groupés

Répondre :

A : si 1, 2, 3 sont vrais

B : si 1, 3 sont vrais

C : si 2, 4 sont vrais

D : si 4 est vrai

E : si 1, 2, 3, 4 sont vrais

26. La sécrétion de progestérone :

1. a un effet hyperthermisant
2. maintient la grossesse
3. prépare l'utérus à l'implantation de l'œuf
4. augmente la sécrétion vaginale

27. Les signes de début d'une phlébite des membres inférieurs sont :

1. une douleur à la dorsiflexion du pied
2. une élévation brutale de la température
3. une douleur provoquée à la palpation
4. une cyanose

28. L'acide chlorhydrique a pour rôle dans l'estomac :

1. de stériliser le chyme gastrique
2. d'attaquer le collagène des aliments protidiques
3. de réduire le fer ferrique en fer ferreux
4. d'abaisser le pH gastrique jusqu'à 1

29. Le programme de nutrition et de santé conseille :

1. augmenter la consommation de fruits et de légumes
2. augmenter la consommation des féculents
3. augmenter l'activité physique
4. augmenter la consommation de viande, poisson et œufs

30. La fonction de la salive est de :

1. lubrifier les parois de la cavité buccale
2. solubiliser les aliments
3. éliminer les bactéries par action bactéricide directe
4. digérer partiellement les glucides par l'amylase

31. Les maladies à déclaration obligatoire sont :

1. roséole
2. brucellose
3. coqueluche
4. choléra

32. La varicelle a pour caractéristiques :

1. une incubation de 14 jours
2. une éruption vésiculaire
3. des poussées successives
4. des desquamations

33. Le sommeil paradoxal est accompagné des manifestations cliniques suivantes :

1. diminution de la température corporelle
2. diminution de la fréquence respiratoire
3. diminution de la fréquence cardiaque
4. déplacement rapide des yeux sous les paupières

34. L'autorisation de mise sur le marché d'un médicament précise :

1. les effets bénéfiques du médicament
2. les effets indésirables du médicament
3. les modalités d'utilisation
4. les interactions médicamenteuses

35. La toxémie gravidique se manifeste par :

1. glycosurie
2. albuminurie
3. lombalgie
4. hypertension artérielle

36. L'ocytocine provoque :

1. la contraction des muscles lisses vasculaires
2. l'éjection du lait
3. la contraction de l'utérus
4. la stimulation du follicule ovarien

37. Le consentement du malade est nécessaire pour :

1. un examen d'investigation
2. l'admission à l'hôpital
3. l'administration d'un traitement
4. l'examen clinique fait par des étudiants

38. Le contraceptif d'urgence ou *Norlevo* est :

1. efficace dans un délai maximal de 72 h après un rapport non protégé
2. délivré sur prescription médicale
3. délivré en pharmacie ou dans les centres de planification et d'éducation familiale
4. donné avec l'autorisation parentale aux mineures

39. La prévention de la toxoplasmose passe par des actions simples :

1. éviter le contact avec les chats
2. bien laver les légumes et fruits
3. bien cuire les viandes
4. éviter de manger des laitages

40. La sécurité sanitaire dans les établissements de santé repose sur plusieurs mesures de vigilance :

1. la sécurité incendie
2. la pharmacovigilance
3. la conformité des bâtiments
4. la matériovigilance

QROC

1. Citez les éléments de surveillance à transmettre chez un patient dyspnéique.

2. En effectuant un prélèvement sanguin chez un patient nouvellement admis en milieu hospitalier, vous vous piquez avec l'aiguille utilisée pour le traitement et renversez le plateau. Un tube de sang se casse et le sang se répand sur le sol. Une aide-soignante vous propose de nettoyer le sol.

a) Que faites-vous suite à cette blessure ?

b) Quelles précautions l'aide soignante doit-elle prendre ?

c) Une stagiaire infirmière vous demande pourquoi ces actions ?

3. Qu'est-ce qu'un protocole de soins et quel est son intérêt ?

4. L'hôpital a mis en place une vigilance sanitaire afin de garantir la sécurité des patients.

Citez 4 domaines de vigilance qui s'appliquent à l'ensemble des soins hospitaliers et énoncez-en les principes.

5. B. pèse 15 kg. La prescription médicale est : *Surgam* (anti-inflammatoire)

Per os 10 mg/kg/jour en 3 prises quotidiennes.

Présentation du produit : comprimé sécable à 100 mg

Calculez le nombre de comprimés par prise. Faîtes apparaître votre opération.

6. L'Organisation mondiale de la Santé préconise des antalgiques pour le traitement de la douleur cancéreuse.

Citez les 3 catégories d'antalgiques préconisées ainsi que les médicaments référencés pour chacune de ces catégories.

7. Actuellement le dossier de soins infirmiers comporte des transmissions ciblées.

a) Énoncez ce qu'on entend par transmissions ciblées.

b) Citez les éléments qui leur donnent une valeur juridique.

8. Sur quels éléments d'évaluation l'infirmière s'appuie-t-elle pour aborder l'éducation d'une personne face à sa thérapeutique ?

9. a) Définissez le terme « traçabilité ».

b) Comment est-elle réalisable à partir de la transfusion d'un patient ?

c) Énoncez les éléments devant figurer dans le dossier transfusionnel.

10. Vous devez administrer la prescription médicale suivante : soluté de chlorure de sodium 0,9 %, 1 litre en perfusion I/V en 12 heures.

a) Quel sera le débit horaire en mL ?

b) Quel sera le nombre de gouttes par minute ?

Faîtes apparaître vos opérations.

CORRIGÉ

QCM

1 : A	**11 :** B	**21 :** D	**31 :** 2, 4 → C
2 : E	**12 :** E	**22 :** A	**32 :** 1, 2, 3 → A
3 : B	**13 :** C	**23 :** C	**33 :** 4 → D
4 : D	**14 :** B	**24 :** A	**34 :** 1, 2, 3, 4 → E
5 : B	**15 :** C	**25 :** C	**35 :** 2, 4 → C
6 : D	**16 :** D	**26 :** 1, 2, 3 → A	**36 :** 1, 2, 3 → A
7 : B	**17 :** C	**27 :** 1, 3 → B	**37 :** 1, 2, 3, 4 → E
8 : C	**18 :** A	**28 :** 1, 2, 3, 4 → E	**38 :** 1, 3 → B
9 : B	**19 :** D	**29 :** 1, 2, 3 → A	**39 :** 1, 2, 3 → A
10 : E	**20 :** A	**30 :** 1, 2, 3, 4 → E	**40 :** 2, 4 → C

QROC

1. • Fréquence respiratoire.
• Amplitude respiratoire.
• Rythme respiratoire.
• Coloration des téguments.
• État psychologique (agitation, anxiété).
• Position dans le lit.
• Surveillance de l'oxygénothérapie.

2. **a)** • Ne pas faire saigner la plaie.
• Laver à l'eau et au savon.
• Rincer abondamment.
• Désinfecter les lésions avec un antiseptique en mettant en contact pendant 10 minutes.
• Faire une déclaration d'accident du travail et entreprendre les démarches nécessaires.
• Faire un suivi biologique VIH, hépatites B et C.

b) • Mettre des gants.
• Décontaminer le sol avec l'eau de Javel ; laisser agir 10 minutes.
• Nettoyer le sol.
• Évacuer les déchets dans une poubelle pour déchets contaminés.

c) Tout liquide biologique doit être systématiquement considéré comme potentiellement contaminé et traité comme tel.

3. **a)** Définition : un protocole de soins est un descriptif technique à appliquer ou des consignes à observer.

b) Intérêt :

- faire reconnaître les compétences infirmières ;
- améliorer la qualité des soins ;
- contribuer à la cohérence des interventions ;
- favoriser l'adaptation du nouveau personnel et des étudiants ;
- fournir des éléments fiables d'évaluation.

4. • La pharmacovigilance permet de surveiller et dépister les effets indésirables des traitements médicamenteux.

• L'hémovigilance permet de contrôler la qualité des produits transfusionnels et la traçabilité.

• La matériovigilance permet de s'assurer de la conformité des dispositifs médicaux et de surveiller la survenue d'incidents liés à leur utilisation.

• L'infectiovigilance est la prévention des infections nosocomiales.

5. $\frac{10 \text{ mg} \times 15}{1} = 150 \text{ mg} = 3 \times 50 \text{ mg/j}$

1/2 comprimé par prise.

6.

Catégorie	Médicaments de référence
Antalgiques non opioïdes	Paracétamol Anti-inflammatoires non stéroïdiens : • *Aspirine* • *Ibuprofène* • *Indométacine*
Opioïdes pour douleur modérée à moyenne	*Codéine*
Opioïdes pour douleur moyenne à sévère	*Morphine*

7. **a)** C'est une méthode pour organiser la partie narrative du dossier de la personne soignée. Elle permet de comprendre rapidement la situation de la personne et elle informe des soins nécessaires à lui dispenser.

• Les transmissions ciblées sont présentées sous la forme de Données – Actions – Résultats (DAR) pour pouvoir apprécier rapidement les éléments essentiels et suivre l'évolution de ce qui a été identifié.

• Les cibles sont des clignotants qui alertent le soignant autant sur les difficultés que sur les événements positifs pour la personne soignée.

b) La valeur juridique est apportée par la présence de la date, de la signature et de la fonction de la personne, c'est-à-dire que l'auteur des transmissions doit être identifiable.

8. a) Évaluer les facteurs qui influenceront l'apprentissage :

- facteurs socioculturels (âge, langue...) ;
- aptitudes intellectuelles, gestuelles (mémoire, acuité visuelle, présence d'un handicap, douleur...) ;
- intérêt ;
- facteurs émotifs (peur, anxiété...).

b) Évaluer les savoirs de la personne sur sa maladie, son traitement et ses besoins en matière d'apprentissage :

- définir un contenu à enseigner ;
- définir des modalités d'apprentissage ;
- définir des supports écrits... ;
- adapter le rythme de l'apprentissage à la personne ;
- évaluer les acquisitions, réajuster si besoin.

9. a) La traçabilité se définit comme le devenir d'un produit sanguin, c'est-à-dire le suivi depuis le donneur jusqu'à son utilisation nominative ou sa destruction.

b) Les outils à partir de la transfusion :

- la fiche de distribution nominative ;
- le dossier transfusionnel ;
- la fiche de distribution est complétée au lit du patient ;
- un exemplaire est classé dans le dossier transfusionnel du patient ;
- un exemplaire est adressé au correspondant d'hémovigilance ;
- un exemplaire est adressé à l'établissement de transfusion sanguine.

c) Les éléments constituant le dossier transfusionnel :

- carte de groupe sanguin ABO Rhésus valide ;
- phénotype Rhésus et Kell ;
- RAI ;
- sérologies ;
- doubles des fiches de distribution nominative ;
- déclarations d'incidents transfusionnels éventuels.

10. a) Débit horaire = $\frac{1\,000 \text{ mL}}{12 \text{ h}}$ = 83,3 mL/h

b) Nombre de gouttes par minute :

1 mL = 20 gouttes

83,3 mL = $\frac{1\,666 \text{ gouttes}}{60}$ = 27,7 gouttes/min

SUJET 16 Toulouse

QCM

Questions à choix simple

1. Que deviennent les lipides après transformation par le processus de digestion :

A. du glycogène ☐
B. des acides aminés ☐
C. des polypeptides ☐
D. des acides gras ☐
E. des stéarides ☐

2. Cherchez l'intrus :

A. corticoïdes ☐
B. androgènes ☐
C. aldostérone ☐
D. catécholamines ☐
E. cortisone ☐

3. L'hémophilie se transmet sur le mode :

A. autosomique dominant ☐
B. autosomique récessif ☐
C. gonosomique dominant ☐
D. gonosomique récessif ☐
E. transmission *de novo* ☐

4. Suite à une stimulation antigénique, la production d'anticorps nécessite l'activation des :

A. lymphocytes T ☐
B. plaquettes ☐
C. lymphocytes B ☐
D. macrophages ☐
E. polynucléaires ☐

5. Un individu de groupe sanguin A possède normalement :

A. des anticorps anti-A dans son plasma ☐
B. des anticorps anti-B dans son plasma ☐
C. des anticorps anti-A sur ses hématies ☐
D. des anticorps anti-B sur ses hématies ☐
E. aucun anticorps ni anti-A, ni anti-B dans son plasma ☐

6. La seule hormone hypoglycémiante est :

A. la thyroxine ☐
B. le glucagon ☐
C. l'insuline ☐
D. la prolactine ☐
E. la calcitonine ☐

7. L'exanthème de la rougeole est constitué par :

A. des macules ☐
B. des vésicules ☐
C. des papules ☐
D. des pustules ☐
E. des maculo-papules ☐

8. Une maladie récessive autosomique atteint :

A. un enfant sur deux du couple ☐
B. un enfant homozygote pour le gène concerné ☐
C. tous les enfants du couple ☐
D. une fille plutôt qu'un garçon ☐
E. un enfant sur trois du couple ☐

9. L'artère mésentérique inférieure irrigue :

A. le diaphragme ☐
B. l'estomac ☐
C. l'intestin grêle ☐
D. la moitié gauche du colon ☐
E. la moitié droite du colon ☐

10. Les deux divisions de méiose permettent d'obtenir à partir d'une ovogonie :

A. 4 ovocytes ☐
B. 2 ovocytes ☐
C. 4 ovules ☐
D. 1 ovule et 1 globule polaire ☐
E. 1 ovule et 3 globules polaires ☐

11. Normalement le pH sanguin artériel d'une personne est de :

A. 7,15 ☐
B. 7,25 ☐
C. 7,35 ☐
D. 7,45 ☐
E. 7,55 ☐

12. Lors du cycle menstruel, quelle est l'hormone permettant la maturation du follicule de De Graaf ?

A. l'œstradiol ☐
B. la LH ☐
C. la prolactine ☐
D. la progestérone ☐
E. la FSH ☐

13. Le virus d'Epstein Barr est responsable de :

A. la rougeole ☐
B. la coqueluche ☐
C. les oreillons ☐
D. la diphtérie ☐
E. la mononucléose infectieuse ☐

14. L'adduction, c'est un mouvement :

A. qui rapproche l'un de l'autre, deux plans osseux ☐
B. qui fait pivoter deux plans osseux ☐
C. qui rapproche de la ligne médiane du corps humain un segment de membre ☐
D. qui aligne deux plans osseux ☐
E. qui écarte un membre de l'axe du corps ☐

15. Chez un enfant de 10 ans présentant une méningite à méningocoque, l'un des signes cités ne se manifeste pas :

A. céphalées ☐
B. raideur de la nuque ☐
C. vomissements ☐
D. signe de Koplik ☐
E. constipation ☐

16. Vous devez perfuser 500 mL de soluté isotonique de chlorure de sodium en 6 heures. Sachant que 1 mL correspond à 20 gouttes, le débit en gouttes de la perfusion sera de :

A. 2 gouttes/min ☐
B. 3 gouttes/min ☐
C. 18 gouttes/min ☐
D. 28 gouttes/min ☐
E. 40 gouttes/min ☐

17. De quelle autorité administrative dépend le service départemental de Protection maternelle infantile ?

A. Conseil municipal ☐
B. Conseil général ☐
C. Conseil régional ☐
D. Ministère de la Santé ☐
E. Ministère de l'Éducation nationale ☐

18. Une infirmière libérale fait une erreur d'injection. La famille demande réparation du dommage subi. Dans quelle instance l'infirmière sera-t-elle jugée ?

A. Conseil des Prud'hommes .... ☐
B. Cour d'appel simple .... ☐
C. Cour de cassation .... ☐
D. Tribunal correctionnel............ ☐
E. Tribunal de Grande instance..... ☐

19. Quel pourcentage d'oxygène contient l'air ambiant ?

A. 18 % .... ☐
B. 21 % .... ☐
C. 24 % .... ☐
D. 27 % .... ☐
E. 30 %.............. ☐

20. Les règles professionnelles de l'IDE sont définies par le décret du :

A. 12 mai 1981 .... ☐
B. 17 juillet 1984 .... ☐
C. 13 septembre 1988 .... ☐
D. 16 février 1993 .... ☐
E. 15 mars 1993 .... ☐

Questions à choix multiple

21. La toxémie gravidique est caractérisée par :

A. diarrhées .... ☐
B. albuminurie .... ☐
C. œdème .... ☐
D. hypertension artérielle........... ☐
E. glycosurie .... ☐

22. Parmi les propositions suivantes, entourez celles qui sont des propositions d'objectifs de soins :

A. nettoyer l'escarre sacrée à chaque change .... ☐
B. effectuer le massage des régions osseuses .... ☐
C. favoriser la cicatrisation rapide .... ☐
D. éviter l'extension de l'escarre .... ☐
E. changer régulièrement le patient de position .... ☐

23. 23. Le tissu myéloïde donne naissance :

A. aux globules rouges .... ☐
B. aux polynucléaires .... ☐
C. aux lymphocytes .... ☐
D. aux plasmocytes .... ☐
E. aux plaquettes .... ☐

24. Parmi les maladies infectieuses à déclaration obligatoire, on retrouve :

A. la coqueluche .... ☐
B. la méningite à méningocoque .. ☐
C. l'hépatite virale B .... ☐
D. La tuberculose .... ☐
E. la diphtérie .... ☐

25. Dans certains de ces médicaments, il n'y a pas d'acide salicylé, lesquels ?

A. *Aspégic* .... ☐
B. *Doliprane* .... ☐
C. *Aspirine* .... ☐
D. *Efferalgan* .... ☐
E. *Catalgine* .... ☐

26. En référence aux textes professionnels, quels sont les actes qui relèvent du rôle propre de l'infirmier(e) ?

A. changement de la sonde urinaire .... ☐
B. lavement .... ☐
C. pose d'un timbre à la tuberculine et lecture .... ☐
D. réalisation d'une intradermoréaction .... ☐
E. prévention et soins d'escarres .... ☐

27. Les actions relatives au domaine de la prévention primaire sont :
A. le dépistage des troubles auditifs en milieu scolaire ☐
B. les campagnes des vaccinations ☐
C. la prévention des attitudes vicieuses chez une personne hospitalisée ☐
D. la prévention d'hygiène de l'eau ☐
E. le traitement en ambulatoire d'une personne atteinte du VIH ☐

28. Les hormones de la lactation sont :
A. l'ocytocine ☐
B. la progestérone ☐
C. le lactogène ☐
D. la prolactine ☐
E. les œstrogènes ☐

29. Les rôles de la lymphe sont :
A. la nutrition ☐
B. l'épuration ☐
C. la défense ☐
D. la régulation thermique ☐
E. l'oxygénation ☐

30. Quelles sont les actions de la progestérone sur l'appareil génital féminin ?
A. diminution des contractions utérines ☐
B. transformation de la muqueuse utérine ☐
C. augmentation de la température corporelle ☐
D. préparation de l'utérus à la nidation ☐
E. hypertrophie de la glande mammaire ☐

31. Quelles maladies infectieuses sont dues à des virus ?
A. la scarlatine ☐
B. la coqueluche ☐
C. la rougeole ☐
D. la varicelle ☐
E. la poliomyélite ☐

32. Les critères de prise en charge par la Sécurité sociale des frais d'amniocentèse pour la recherche d'une aberration chromosomique sont :
A. l'âge de la mère, plus de 38 ans au moment de la ponction ☐
B. la naissance antérieure d'un enfant présentant une anomalie chromosomique ☐
C. une grande multiparité ☐
D. une malformation du tube rénal dans l'histoire familiale ☐
E. l'incompatibilité Rhésus ☐

33. La prévention tertiaire permet de :
A. dépister les handicaps ☐
B. prévenir les maladies ☐
C. prévenir les complications dues à une maladie ☐
D. éviter la chronicité ☐
E. contribuer à la réinsertion professionnelle ☐

34. Le tissu nodal est composé :
A. des cellules auriculaires ☐
B. du nœud sinusal ☐
C. du nœud auriculo-ventriculaire ☐
D. du faisceau de His ☐
E. des coronaires ☐

35. La morphine :
A. déprime les centres respiratoires bulbaires ☐
B. agit sur la douleur ☐

C. agit sur le transit intestinal ☐
D. agit sur le système rénal ☐
E. agit sur le système nerveux central ☐

36. Quelles personnes sont compatibles ?

A. donneur 0 et receveur A ☐
B. donneur A et receveur 0 ☐
C. donneur B et receveur A ☐
D. donneur A et receveur AB ☐
E. donneur AB et receveur 0 ☐

37. Parmi les propositions suivantes concernant l'action de l'hormone chorionique gonadotrophique, cochez les réponses exactes.

A. agit sur le corps jaune ☐
B. maintient la sécrétion de progestérone les 3 derniers mois ☐
C. maintient la sécrétion de progestérone les 3 premiers mois ☐
D. agit sur le follicule ☐
E. agit sur les trompes ☐

38. Dans une baisse de tension artérielle, on observe les phénomènes compensatoires suivants :

A. une vasoconstriction vasculaire ☐
B. une accélération du rythme cardiaque ☐
C. une augmentation de la température corporelle ☐
D. un ralentissement de la ventilation pulmonaire ☐
E. une augmentation de la masse sanguine par splénocontraction ☐

39. Dans la formule leucocytaire d'un adulte sain, nous retrouvons :

A. 5 % de monocytes ☐
B. 20 % de lymphocytes ☐
C. 71 % de neutrophiles ☐
D. 1 % de basophiles ☐
E. 2 % d'éosinophiles ☐

40. La capacité vitale est la somme :

A. du volume de réserve inspiratoire ☐
B. du volume résiduel ☐
C. du volume courant ☐
D. du volume de réserve expiratoire ☐
E. du volume de l'espace mort ☐

QROC

1. Infirmière en colonie de vacances, vous prenez en charge un enfant diabétique insulinodépendant. Pour chacune des situations suivantes, indiquez le type d'incident et la conduite à tenir :

a) après une course à pied, l'enfant présente un malaise général avec pâleur et sueur.

b) à l'analyse d'urine à la bandelette, on retrouve une cétonurie avec glycosurie.

2. Vous êtes infirmière dans un service de pédiatrie. Vous travaillez avec des auxiliaires de puériculture.

a) Ces auxiliaires sont-elles titulaires : d'un diplôme d'état d'auxiliaire de puériculture, d'un diplôme professionnel d'auxiliaire de puériculture ou d'un certificat d'auxiliaire de puériculture ?

b) Ont-elles un « rôle propre » ? Si oui, précisez dans quel(s) texte(s) officiel(s) est défini ce rôle propre.

3. Après l'expulsion du placenta lors de l'accouchement, la femme doit être étroitement surveillée durant les deux premières heures.

Citez les 4 paramètres à surveiller de manière intensive et la complication majeure des premières 24 h suivant l'accouchement.

4. a) Pour qui la vaccination contre l'hépatite B est-elle obligatoire ?

b) Pour quels groupes de population est-elle conseillée ?

5. Qu'est ce qu'une incompatibilité fœto-maternelle ?

6. Une jeune femme vient en consultation obstétricale pour confirmer sa grossesse.

a) Citez les examens prénataux obligatoires.

b) Indiquez les limites de la durée d'une grossesse normale en semaines d'aménorrhée.

c) Au cours du cycle menstruel, des hormones apparaissent avant et après l'ovulation ; citez-les dans l'ordre d'apparition.

7. Dans le cadre du droit du travail, citez quatre mesures dont peut bénéficier une salariée pendant sa grossesse.

8. Quels sont les rôles du cortex cérébral et du cervelet ?

9. Dans le service ou vous êtes en stage, l'enfant dont vous vous occupez est hospitalisé pour une méningite, il est porteur d'une voie veineuse à l'avant-bras gauche.

Vous devez préparer et administrer le traitement suivant à 8 h ce matin :
- *Amoxicilline* 600 mg 3 fois par 24 h en IV directe (flacon dosé à 1 g à reconstituer avec 5 mL de solvant)
- *Gentamicine* 28 mg deux fois par 24 h en IV directe lente dans du sérum glucosé à 5 %, 30 mL à passer en seringue électrique sur 30 minutes (ampoules de gentamicine de 1 mL pour 10 mg de produit actif)

Réalisez vos calculs et le débit en mettant en évidence votre raisonnement.

10. Vous devez hépariner un cathéter après une injection. Le flacon d'*héparine* de 5 mL contient 25 000 unités de produit actif. La prescription du médecin est de 1 000 unités dans 3 mL de sérum physiologique.

Expliquez la préparation en faisant apparaître vos calculs.

CORRIGÉ

QCM

1 : D	**11 :** C	**21 :** B, C, D	**31 :** C, D, E
2 : D	**12 :** A	**22 :** C, D	**32 :** A, B
3 : D	**13 :** E	**23 :** A, B, E	**33 :** C, D, E
4 : A	**14 :** C	**24 :** B, D	**34 :** B, C, D
5 : B	**15 :** D	**25 :** B, D	**35 :** A, B, C, E
6 : C	**16 :** D	**26 :** A, C, E	**36 :** A, D
7 : E	**17 :** B	**27 :** A, B, D	**37 :** A, C
8 : B	**18 :** E	**28 :** A, D	**38 :** A, B, E
9 : D	**19 :** B	**29 :** A, B, C	**39 :** A, D, E
10 : E	**20 :** D	**30 :** A, B, C, D	**40 :** A, C, D

QROC

1. **a)** Hypoglycémie : si possible, analyse de la glycémie et administration de sucre par voie orale.

b) Hyperglycémie par manque d'insuline :

• analyse de la glycémie ;

• injection d'insuline rapide et contrôle de l'efficacité jusqu'à disparition de la cétonurie (référent aux prescriptions médicales du carnet de surveillance).

2. **a)** • Soit d'un certificat d'auxiliaire de puériculture pour les personnes ayant suivi la formation avant 1996 (12 août 1996).

• Soit d'un diplôme professionnel d'auxiliaire de puériculture après la parution du décret du 12 août 1996.

b) Les auxiliaires de puériculture n'ont pas de rôle propre, il n'existe pas de décret de compétences pour les auxiliaires puéricultrices. Elles travaillent en collaboration avec l'infirmière puéricultrice.

3. • TA, pulsations, volume des pertes sanguines, rétraction de l'utérus ou globe de sécurité sous l'ombilic.

• Complication majeure des premières 24 h : hémorragie du post-partum.

4. **a)** Obligatoire pour toute personne qui exerce dans un établissement public ou privé, de prévention ou de soins, l'exposant à la contamination (y compris les étudiants ou stagiaires des professions de santé) : loi du 18 janvier 1991.

b) Recommandée :

• pour les nouveau-nés de mères porteuses de l'antigène HBs du virus de l'hépatite B, dès la naissance ;

- pour les hémophiles et polytransfusés ;
- pour les sujets à partenaires sexuels multiples ;
- pour les toxicomanes ;
- pour l'entourage de personnes contaminées.

5. L'immunisation d'une femme Rhésus négatif survient au cours de la première grossesse lors de l'accouchement, par transfusion fœto-maternelle de sang incompatible Rh+ . Le passage d'anticorps anti-D de la mère sensibilisée à son fœtus Rh+ est responsable d'anémie hémolytique par destruction globulaire lors des gestations ultérieures.

6. **a)** Premier examen avant la fin du troisième mois, puis un examen tous les mois jusqu'au terme soit au total : 7 examens

b) 37 à 41 semaines d'aménorrhée

c) Œstrogènes avant l'ovulation ; progestérone après l'ovulation.

7. • Aménagement d'horaire.

• Aménagement de son poste de travail.

• Protection contre le licenciement.

• Absence autorisée pour se soumettre aux examens médicaux obligatoires.

• Congé de maternité.

• Arrêt de quinze jours pour état pathologique.

8. • Le cortex cérébral est le centre des mouvements volontaires. C'est lui qui commande les autres centres nerveux

• Le cervelet est le centre de la coordination des mouvements réflexes et volontaires. Il assure l'équilibre du corps

9. • *Amoxicilline* :

5 mL = 1 g

600 mg= X

$X = \dfrac{600 \text{ mg} \times 5 \text{ mL}}{1\,000 \text{ mg}}$ = 3 mL à prélever dans le flacon dilué avec 5 mL de solvant

• *Gentamicine* :

10 mg = 1 mL

28 mg = X

$X = \dfrac{28 \text{ mg} \times 1 \text{ mL}}{10 \text{ mL}} = 2{,}8 \text{ mL}$

Il faut prélever deux ampoules entières et 0,8 mL d'une troisième ampoule, puis compléter dans la seringue électrique à valeur de 30 mL débit 1 mL par minute

10. 25 000 UI = 5 000 UI par mL

5 000 UI = 1 mL

1 000 UI = X mL

$$X = \frac{1\ 000 \times 1}{5\ 000} = 0{,}2 \text{ mL}$$

Il restera à prélever dans la seringue qui contient le produit actif le complément à hauteur de 3 mL de sérum physiologique soit 2,8 mL de sérum physiologique.

SUJET 17 Valenciennes

QCM

1. De quelle cavité du cœur, l'artère pulmonaire naît-elle ?

A. oreillette droite ☐
B. oreillette gauche ☐
C. ventricule droit ☐
D. ventricule gauche ☐
E. aucune des cavités ci-dessus ☐

2. Le caryotype permet de visualiser :

A. les gènes ☐
B. les chromosomes ☐
C. l'acide désoxyribonucléique ☐
D. l'acide ribonucléique ☐
E. aucun des éléments ci-dessus ☐

3. Le rôle principal des plaquettes se situe au niveau de :

A. l'immunité humorale ☐
B. l'allergie ☐
C. l'hémostase ☐
D. la production d'interféron ☐
E. aucune de ces réponses ☐

4. Quelle glande endocrine est stimulée par l'ACTH ?

A. la thyroïde ☐
B. la surrénale ☐
C. l'ovaire ☐
D. le testicule ☐
E. le pancréas ☐

5. Dans les suites de couches, le globe de sécurité correspond :

A. au placenta décollé lors de la délivrance ☐
B. aux contractions utérines de la délivrance ☐
C. à un hématome entre placenta et utérus ☐
D. à l'utérus rétracté ☐
E. à la face maternelle du placenta ☐

6. La méthode qui consiste à prévenir l'infection en empêchant par des moyens appropriés l'introduction de microbes dans l'organisme s'appelle :

A. la stérilisation ☐
B. l'asepsie ☐
C. la désinfection ☐
D. l'antisepsie ☐
E. la prophylaxie ☐

7. Le rhumatisme articulaire aigu survient après une infection due au :

A. *staphylocoque aureus* ☐
B. streptocoque B ☐
C. streptocoque hémolytique du groupe A ☐
D. pneumocoque ☐
E. gonocoque ☐

8. Les agents infectieux que doit détruire la stérilisation sont :

A. les bactéries ☐
B. les virus ☐
C. les champignons ☐
D. les formes sporulées ☐
E. l'ensemble des éléments cités ci-dessus ☐

9. Chez un nouveau-né, la cataracte peut être une des conséquences d'une primo-infection maternelle de :

A. la rougeole .... ☐
B. les oreillons .... ☐
C. la varicelle .... ☐
D. la rubéole .... ☐
E. la scarlatine .... ☐

10. L'interruption volontaire de la grossesse doit légalement se pratiquer dans les :

A. 6 semaines d'aménorrhée .... ☐
B. 7 semaines d'aménorrhée .... ☐
C. 8 semaines d'aménorrhée .... ☐
D. 9 semaines d'aménorrhée .... ☐
E. 14 semaines d'aménorrhée ...... ☐

11. La prise en compte du nombre de décès d'enfants entre 0 et 28 jours s'appelle :

A. mortinatalité .... ☐
B. mortalité périnatale .... ☐
C. mortalité néonatale .... ☐
D. mortalité infantile .... ☐
E. mortalité fœto-infantile .... ☐

12. L'étude statistique des populations humaines s'appelle :

A. l'épidémiologie .... ☐
B. la démographie .... ☐
C. l'anthropologie .... ☐
D. la sociologie .... ☐
E. aucune des appellations ci-dessus .... ☐

13. Suite à la loi hospitalière du 31 juillet 1991, le décret du 26 mars 1996 relatif à l'organisation et aux personnels des établissements publics de santé précise l'un des points suivants :

A. la modification des actes infirmiers .... ☐
B. l'organisation d'un collège infirmier .... ☐
C. l'organisation d'un service infirmier .... ☐
D. la création d'une commission du service de soins infirmiers .... ☐
E. la création de la coordination du service de soins infirmiers .... ☐

14. La valeur énergétique d'un gramme d'alcool est :

A. 4 calories .... ☐
B. 5 calories .... ☐
C. 7 calories .... ☐
D. 9 calories .... ☐
E. 11 calories .... ☐

15. Le liquide céphalorachidien est sécrété par :

A. les plexus choroïdes .... ☐
B. les granulations de Pacchionni .. ☐
C. les cellules de Langerhans .... ☐
D. la pie mère .... ☐
E. l'arachnoïde .... ☐

16. L'éclampsie est une complication de :

A. l'hématome rétro-placentaire ... ☐
B. du *placenta prævia* .... ☐
C. du diabète maternel .... ☐
D. du syndrome vasculo-rénal ...... ☐
E. de la grossesse extra-utérine ... ☐

17. La coqueluche est due à un :

A. virus .... ☐
B. bacille de Klebs Loeffler .... ☐
C. bacille de Koch .... ☐

D. bacille de Bordet Gengou ☐
E. streptocoque hémolytique du groupe A ☐

18. La scarlatine peut se compliquer :

A. d'une néphrite ☐
B. d'une méningite ☐
C. d'une otite ☐
D. d'une broncho-pneumopathie aiguë ☐
E. d'une stérilité ☐

19. Le chlorure de sodium isotonique a une concentration de :

A. 5 % ☐
B. 8,5 % ☐
C. 9 % ☐
D. 9 ‰ ☐
E. 14 ‰ ☐

20. Le terme d'une grossesse dans la nomenclature internationale se calcule en :

A. jours ☐
B. semaines d'aménorrhée ☐
C. mois ☐
D. trimestres ☐
E. un autre mode ☐

21. La toxoplasmose est due à :

A. un virus ☐
B. un agent mycosique ☐
C. un parasite ☐
D. un bacille gram+ ☐
E. un bacille gram− ☐

22. Les glucides sont stockés sous forme de glycogène par :

A. le pancréas ☐
B. le foie ☐
C. la rate ☐
D. les surrénales ☐
E. aucun des organes ci-dessus ☐

23. 450 mL de sérum glucosé à 10 % apportent :

A. 45 mg de glucose ☐
B. 450 mg de glucose ☐
C. 4,5 mg de glucose ☐
D. 45 g de glucose ☐
E. 450 g de glucose ☐

24. L'agent responsable de la varicelle est :

A. un herpès virus ☐
B. un paramyxovirus ☐
C. un streptocoque bêta hémolytique ☐
D. le bacille de Bordet-Gengou ☐
E. le bacille de Klebs-Loeffler ☐

25. Le régime d'un patient traité par corticoïdes a les caractéristiques suivantes, sauf une, indiquez laquelle :

A. pauvre en glucides ☐
B. pauvre en sodium ☐
C. pauvre en potassium ☐
D. riche en calcium ☐
E. riche en protides ☐

26. Le cardia fait communiquer :

A. le duodénum et l'estomac ☐
B. l'œsophage et l'estomac ☐
C. le duodénum et le jéjunum ☐
D. le jéjunum et l'iléon ☐
E. l'iléon et le côlon ☐

27. La progestérone :

A. est sécrétée par le corps jaune ☐
B. se retrouve en quantité élevée en début de cycle ☐
C. contrôle le développement des caractères sexuels secondaires ☐
D. aide à la maturation du follicule ovarien ☐
E. entraîne la prolifération de l'endomètre après la menstruation ☐

28. Le placenta assure ces fonctions sauf une, laquelle ?

A. de nutrition ☐
B. de respiration ☐
C. d'élimination ☐
D. de protection ☐
E. de nidation ☐

29. Parmi les caractères suivants, lequel ne se rapporte pas à l'exanthème de la varicelle ?

A. un prurit ☐
B. une seule poussée éruptive ☐
C. des vésicules ☐
D. des intervalles de peau saine ☐
E. l'atteinte du cuir chevelu ☐

30. Le diagnostic de toxémie gravidique porte sur la présence des éléments suivants sauf un, lequel ?

A. d'hypertension artérielle ☐
B. d'albuminurie ☐
C. d'une prise de poids ☐
D. d'œdèmes des membres inférieurs ☐
E. de leucorrhée ☐

31. Les actes infirmiers suivants sont ceux qui appartiennent au rôle propre de l'infirmier(e) sauf un, lequel ?

A. le prélèvement sanguin intraveineux ☐
B. la surveillance d'un aérosol non médicamenteux ☐
C. les soins préventifs d'escarres ☐
D. le changement de sonde urinaire ☐
E. la surveillance d'une perfusion ☐

32. Indiquez parmi les vitamines suivantes, celle qui est hydrosoluble :

A. vitamine C ☐
B. vitamine E ☐
C. vitamine A ☐
D. vitamine D ☐
E. vitamine K ☐

33. Citez l'organe lymphoïde central :

A. la rate ☐
B. le foie ☐
C. la moelle osseuse ☐
D. les ganglions lymphatiques ☐
E. tous les organes cités ci-dessus ☐

34. Parmi ces éléments osseux, lequel ne constitue pas le membre supérieur :

A. l'humérus ☐
B. le radius ☐
C. le métatarse ☐
D. le carpe ☐
E. le cubitus ☐

35. L'exanthème de la rougeole est constitué par :

A. des macules ☐
B. des vésicules ☐
C. des papules ☐
D. des pustules ☐
E. les macropapules ☐

36. Un nouveau-né est dit à terme s'il naît :

A. entre 35 et 40 semaines d'aménorrhée ☐
B. entre 37 et 41 semaines d'aménorrhée ☐
C. entre 38 et 40 semaines d'aménorrhée ☐
D. entre 38 et 41 semaines d'aménorrhée ☐
E. entre 38 et 42 semaines d'aménorrhée ☐

37. L'ethmoïde est un os du :

A. bassin ☐
B. crâne ☐
C. rachis ☐
D. tarse ☐
E. thorax ☐

38. Le repos légal pré- et postnatal pour un premier enfant est de :

A. 12 semaines ☐
B. 14 semaines ☐
C. 15 semaines ☐
D. 16 semaines ☐
E. 18 semaines ☐

39. La trypsine est sécrétée par :

A. les glandes salivaires ☐
B. l'estomac ☐
C. le pancréas ☐
D. l'intestin grêle ☐
E. les reins ☐

40. Pour la surveillance d'un malade sous anti-vitamine K, le médecin prescrira plus spécifiquement :

A. une numération plaquettaire ☐
B. un test de coagulation globale ☐
C. un temps de céphaline activée (TCA ou TCK) ☐
D. une héparinémie ☐
E. un temps de Quick ☐

QROC

1. Vous préparez une perfusion dans laquelle vous devez mettre :

- 3 g de chlorure de sodium (NaCl) ;
- 3 g de chlorure de calcium ($CaCl_2$).

Les ampoules dont vous disposez sont :

- NaCl = 20 mL à 20 % ;
- $CaCl_2$ = 20 mL à 10 %.

Précisez combien de mL de chaque produit doit être prélevé. Argumentez votre réponse par vos calculs.

2. Au 3e jour après la naissance de Maxime, sa maman se plaint de douleurs au niveau du mollet droit.

Précisez ce qui peut être suspecté en indiquant les signes que vous observerez pour aider au diagnostic médical et les actions à mettre en œuvre en référence à votre rôle propre.

3. Julien, 3,340 kg, aura une injection de vitamine K1 en intramusculaire. La prescription est de 1,5 mg/kg de poids. Vous disposez d'une ampoule de 1 mL dosée à 20 mg.

Précisez la quantité de vitamine K1, en mL, qui sera injectée. Argumentez votre réponse par les calculs réalisés.

4. Madame X., âgée de 55 ans, veuve, deux enfants mariés, pesant 82 kg pour 1 m 60, vit seule chez elle.

Elle est hospitalisée dans le service de gastro-entérologie pour des signes de cholécystite et des problèmes de constipation.

Une personne téléphone dans le service, et vous demande des nouvelles de Madame X., que lui répondez-vous ? Pourquoi ?

Par rapport à son problème de constipation, quels sont les quatre moyens hygiéno-diététiques que vous lui donnez ?

5. Après l'expulsion du placenta lors de l'accouchement, la femme doit être étroitement surveillée durant les deux premières heures.

Citez les quatre paramètres à surveiller de manière intensive et la complication majeure des premières 24 heures suivant l'accouchement.

6. Citez deux objectifs de l'utilisation d'une hotte à flux laminaire lors de la préparation d'une chimiothérapie anticancéreuse en précisant leurs déterminations.

7. Vous vous occupez de Cynthia, 18 mois, qui vient d'être admise en service de pédiatrie pour hyperthermie à 39,5 °C ce jour.

Citez les deux conséquences graves de l'hyperthermie et énumérez les moyens à mettre en place pour lutter contre l'hyperthermie avant l'arrivée du médecin.

8. Vous devez réaliser les actions suivantes sur des patients différents :

a) prélèvement sanguin ;

b) prélèvement de pus sur cicatrice et pansement ;

c) distribution du petit-déjeuner ;

d) lavement évacuateur ;

e) pansement non infecté → ablation d'agrafes.

Dans quel ordre effectuerez-vous ces actions ? Pourquoi ?

9. Citez les six complications potentielles d'un alitement prolongé.

10. Expliquez ce qui fait la gravité des fractures épiphysaires de l'enfant.

CORRIGÉ

QCM

1 : C	**11 :** C	**21 :** C	**31 :** A
2 : B	**12 :** B	**22 :** B	**32 :** A
3 : C	**13 :** D	**23 :** D	**33 :** C
4 : B	**14 :** C	**24 :** A	**34 :** C
5 : D	**15 :** A	**25 :** C	**35 :** E
6 : B	**16 :** D	**26 :** B	**36 :** B
7 : C	**17 :** D	**27 :** A	**37 :** B
8 : E	**18 :** A	**28 :** E	**38 :** D
9 : D	**19 :** D	**29 :** B	**39 :** C
10 : E	**20 :** B	**30 :** E	**40 :** E

QROC

1. NaCl : 1 ampoule = (20 × 20)/100 = 4 g.

À prélever pour 3 g :

- 20 mL = 4 g,
- 10 mL = 2 g,
- 5 mL = 1 g.

donc 3 g = 15 mL = 3/4 de l'ampoule.

$CaCl_2$: 1 ampoule = (10 × 20)/100 = 2 g.

À prélever pour 3 g :

- 20 mL = 2 g,
- 10 mL = 1 g.

donc 3 g = 30 mL = 3 g = 1,5 ampoule.

2. Suspicion de phlébite :

- évaluer l'état des membres inférieurs, transmettre (mollet rouge, chaud, dur – perte du ballant-douloureux) ;
- demander à la maman de rester allongée ;
- prévenir le médecin du service ;
- prendre les constantes, température, pulsations à la recherche d'une dissociation pulsation-température ;
- évaluer l'angoisse éventuelle de la maman ;
- transmettre les données.

3. La prescription est de 1,5 mg/kg de poids.

Julien pèse 3,340 kg.

La quantité à injecter est de 1,5 mg × 3,340 kg = 5,01 mg.

La quantité en mL pour 5 mg est de :

- 1 mL = 20 mg,
- (x) mL = 5 mg,
- (x) = (1 × 5)/20 = 5/20 = 0,25 mL.

La quantité à injecter est donc de 0,25 mL de vitamine K_1.

4. Article 226-13 du code pénal : secret professionnel.

Demander de la part de qui.

Qu'elle passe rendre visite à Madame X. (donner heures, si elle insiste, passer la communication au médecin).

Quatre petits moyens hygiéno-diététiques :

- bien boire (jus d'orange, pamplemousse) le matin,
- un verre d'eau froide à jeun,
- une alimentation riche en fibres (pain complet, son, fruits, légumes),
- une activité physique en fonction de ses possibilités.

5. Quatre paramètres à surveiller :

- tension artérielle,
- pulsation,
- volume des pertes sanguines,
- rétraction de l'utérus ou « globe de sécurité » sous l'ombilic.

Complication majeure des premières 24 heures : hémorragie du *post-partum* ou de la délivrance.

6. • Protéger le produit d'une contamination microbienne en travaillant dans une atmosphère pure. Le flux a pour but de filtrer l'air ambiant pour le rendre pur.

• Protéger l'infirmier(e) des projections et émanations de cytostatiques.

7. Conséquences graves de l'hyperthermie :

- déshydratation ;
- convulsions.

Lutte contre l'hyperthermie :

- déshabiller l'enfant ;
- vérifier la température de l'enfant ;
- vérifier la température de la chambre, baisser si nécessaire ;
- donner à boire souvent.

8. Ordre : **a)** ; **c)** ; **e)** ; **b)** ; **d)**.

Pour éviter l'infection nosocomiale.

9. • Motricité : position vicieuse, ankylosante, fonte musculaire.
- Circulatoires : sténose veineuse, thromboembolique.
- Respiratoire : encombrement.
- Urinaires : stase, infection.
- Intestinales : ralentissement, constipation.
- Cutanées : escarres.

10. Lorsque le trait de facture passe en site épiphysaire, il peut léser le cartilage de conjugaison et ainsi le détruire partiellement ou totalement.
- Si destruction partielle $\Rightarrow$ croissance dysharmonieuse.
- Si destruction totale $\Rightarrow$ arrêt de la croissance.

Annexes

Références des textes législatifs relatifs à la scolarité

- Arrêté du 12 décembre 1990 relatif à la scolarité, au diplôme d'État de puéricultrice et au fonctionnement des écoles.
- Arrêté du 21 janvier 1993 modifiant l'arrêté du 12 décembre 1990 relatif à la scolarité, au diplôme d'État de puéricultrice et au fonctionnement des écoles.
- Arrêté du 16 juin 1995 modifiant l'arrêté du 12 décembre 1990 relatif à la scolarité, au diplôme d'État de puéricultrice et au fonctionnement des écoles.
- Arrêté du 13 juillet 1983 relatif au programme des études préparant au diplôme d'État de puériculture.
- Arrêté du 21 octobre 1996 modifiant l'arrêté du 12 décembre 1990.

Adresses des écoles de formation membres du CEEPAME[1]

École de puéricultrices
Groupe hospitalier Sud, CHU
80054 AMIENS CEDEX
Tél. : 03 22 45 59 94

École de puériculture René Delaitre
CHU d'Angers
4, rue Larrey
49033 ANGERS CEDEX 01
Tél. : 02 41 35 39 26

École de puéricultrices
CHU Saint-Jacques
25030 BESANÇON CEDEX
Tél. : 03 81 21 82 14

École de puériculture
Institut des métiers de la santé
Rue Francisco-Ferrer
33076 BORDEAUX CEDEX
Tél. : 05 56 79 54 35

École de puéricultrices
CHU Côte de Nacre
Route de Lion-sur-Mer
14033 CAEN CEDEX
Tél. : 02 31 06 45 23

École de puéricultrices
CHU de Clermont-Ferrand
34, avenue Vercingétorix
63058 CLERMONT-FERRAND CEDEX 1
Tél. : 04 73 75 03 20

1. Les écoles sont classées par ordre alphabétique des régions. Les numéros de téléphone sont donnés à titre indicatif sous réserve de changement.

École régionale d'infirmières
puéricultrices du CHU
2, rue Jules-Violle, BP 87 909
21079 DIJON CEDEX
Tél. : 03 80 29 33 69

École de puériculture – CHU
BP 217
38043 GRENOBLE CEDEX 9
Tél. : 04 76 76 50 65

École de puéricultrices
Institut Gernez-Rieux
CHRU de Lille
2, rue du Dr Schweitzer
59037 LILLE CEDEX
Tél. : 03 20 44 57 96

École de puéricultrices
de l'Université Catholique
Campus Saint-Raphaël
83, boulevard Vauban
59800 LILLE
Tél. : 03 28 36 10 10

EIASS de Lyon
École Rockefeller
Section de puériculture
4, avenue Rockefeller
69373 LYON CEDEX 08
Tél. : 04 78 76 52 22

École de puériculture AP-HM
Hôtel Dieu
6, place Daviel
13224 MARSEILLE CEDEX 02
Tél. : 04 91 38 12 51 – 04 91 38 12 52

École de puéricultrices
CHR Metz-Thionville
Hôpital du Bon Secours
28/32, rue du 20e corps Américain
BP 81065
57019 METZ CEDEX 01
Tél. : 03 87 55 38 99

École de puéricultrices
Centre de formation
1146, avenue du Père-Soulas
34295 MONTPELLIER CEDEX 5
Tél. : 04 67 33 88 63

IRFAPS École de puéricultrices
CHU de Nantes
50, route de Saint-Sébastien
44093 NANTES CEDEX 01
Tél. : 02 40 84 68 79

Institut de formation
des Alpes Maritimes CRF
École de puériculture
17, avenue Cap de Croix
06100 NICE
Tél. : 04 93 53 86 06

École de puériculture
Centre de Formation du CHU
3 bis, rue Kléber
30029 NÎMES
Tél. : 04 66 68 69 05

CHR – Institut de Formations
Paramédicales
École de puériculture
85, faubourg Saint-Jean
45000 ORLÉANS
Tél. : 02 38 78 00 00

École de puériculture AP-HP
Hôpital Armand-Trousseau
26, avenue Arnold-Netter
75571 PARIS CEDEX 12
Tél. : 01 44 73 69 20

École de puéricultrices
Institut de Puériculture
et de Périnatalogie
26, boulevard Brune
75014 PARIS
Tél. : 01 40 44 39 30

École de puériculture
Lycée Rabelais
9, rue Francis-de-Croisset
75877 PARIS
Tél. : 01 53 09 13 07

École de formation de puériculture
CHU Pointe à Pitre Abymes
BP 485
97159 POINTE À PITRE CEDEX
Tél. : 05 90 90 69 90

École de puéricultrices
Institut Régional de Formation
CHU de Reims
45, rue Cognacq-Jay
51092 REIMS CEDEX
Tél. : 03 26 78 75 08

École de puéricultrices
CHU – Pont-Chaillou
2, rue Henri-le-Guilloux
35043 RENNES CEDEX 9
Tél. : 02 99 28 25 67

École de puéricultrices
Centre de formations Paramédicales
Boulevard Gambetta
76000 ROUEN CEDEX
Tél. : 02 32 88 81 50

École de puéricultrices
CH de Saint-Denis
2, rue de Docteur-Delafontaine
93200 SAINT-DENIS
Tél. : 01 42 35 62 22

École de puéricultrices de La Réunion
Association Saint-François-d'Assise
60, rue Bertin, BP 840
97476 SAINT-DENIS DE LA RÉUNION CEDEX
Tél. : 02 62 90 87 77

Institut régional de formation
en puériculture des hôpitaux
universitaires de Strasbourg
Filière DE de puéricultrice
1, rue David-Richard
67000 STRASBOURG
Tél. : 03 88 11 55 84

École de puéricultrices
Rue Émile-Pelletier
IFRASS, BP 1277
31077 TOULOUSE CEDEX
Tél. : 05 34 63 89 01

École de puéricultrices
Croix-Rouge Française
130, rue du Colombier
37100 TOURS
Tél. : 02 47 88 43 30

École de puéricultrices
CH de Valencienne
Avenue Desandrouin, BP 479
59322 VALENCIENNES CEDEX
Tél. : 03 27 14 33 36

École de puériculture
CHU – hôpitaux de Brabois
54511 VANDOEUVRE LES NANCY CEDEX
Tél. : 03 83 15 43 09

École départementale
de puériculture des Yvelines
27, boulevard Saint-Antoine
78000 VERSAILLES
Tél. : 01 39 23 02 42

École de puéricultrices
Domaine départemental
de Chérioux
4, route de Fontainebleau
94407 VITRY SUR SEINE
Tél. : 01 41 73 91 72

408785-IV-(2,5)-CSB90-STDI

Elsevier Masson S.A.S.
62, rue Camille-Desmoulins
92442 Issy-les-Moulineaux Cedex
Dépôt légal : décembre 2010

Achevé d'imprimer sur les presses de SNEL
Z.I. des Hauts-Sarts - Zone 3
Rue Fond des Fourches 21 – B-4041 Vottem (Herstal)
Tél +32(0)4 344 65 60 - Fax +32(0)4 289 99 61
décembre 2010 – 52517

Imprimé en Belgique